Marco Thorbrügge (Hrsg.)

12. Workshop

Sicherheit in vernetzten Systemen

02./03. März 2005
in Hamburg

Workshopband

DFN-CERT - Workshopband

12. DFN-CERT Workshop
„Sicherheit in vernetzten Systemen"

Auflage 1 : März 2005

ISBN 3-00-015369-1

Herausgeber

Marco Thorbrügge
DFN-CERT Services GmbH
Heidenkampsweg 41, D-20097 Hamburg
E-Mail: thorbruegge@dfn-cert.de

Mitarbeiter

Klaus-Peter Kossakowski, DFN-CERT Services GmbH
Diana Veras, DFN-CERT Services GmbH
Andreas Reimer, DFN-CERT Services GmbH

Organisation

Im Namen der Geschäftsführung der DFN-CERT Services GmbH und des Programm-Komitees präsentieren wir Ihnen den Workshopband zum 12. DFN-CERT Workshop in Hamburg. Seit 1993 jährlich stattfindend, hat sich der Workshop mit seiner betont technischen und wissenschaftlichen Ausrichtung als eine der größten deutschen Sicherheitstagungen etabliert.

Eingereicht wurden 28 Kurzfassungen, aus denen das Programm-Komitee 8 Beiträge auszuwählen hatte. Ergänzt wird das Programm durch einen eingeladenen Vortrag.

Lance Spitzner (Honeynet Project) hält den eingeladenen Vortrag über Trends und aktuelle Entwicklungen im Bereich der Honeynets.

Veranstaltungsleiter

Klaus-Peter Kossakowski, Geschäftsführer DFN-CERT Services GmbH

Programm-Komitee

Victor Apostolescu, Leibnitz-Rechenzentrum
Ingmar Camphausen, FU Berlin
Ralf Dörrie, Deutsche Telekom CERT
Günther Ennen, CERT-Bund
Ulrich Flegel, GI SIG SIDAR
Rainer W. Gerling, Max-Planck-Gesellschaft
Oliver Göbel, RUS-CERT
Peter Gutmann, University of Auckland
Jens Hektor, RZ RWTH Aachen
Marc Heuse, n.runs GmbH
Stefan Kelm, Secorvo Security Consulting GmbH
Olaf Kirch, SuSE Linux AG
Klaus-Peter Kossakowski, DFN-CERT
Achim Leitner, Linux Magazin
Michael Meier, GI SIG SIDAR
Jens Nedon, ConSecur GmbH
Marcus Pattloch, DFN-Verein
Rüdiger Riediger, SUN CERT
Udo Schweigert, Siemens CERT
Gerd Sokolies, Internet Society German Chapter e.V.
Marco Thorbrügge, DFN-CERT (Vorsitz)

Inhaltsverzeichnis

Vorwort zum 12. DFN-CERT Workshop

Schon wieder ist ein Jahr vergangen, das uns eine Reihe neuer Hiobsbotschaften rund um den Zustand der IT-Sicherheit bescherte. Es ist also an der Zeit, wieder aktuelle Themen der Rechner- und Netzwerksicherheit aufzugreifen und zur Diskussion zu stellen, denen sonst kaum Platz in der deutschen Veranstaltungslandschaft eingeräumt wird.

Wie immer war die Arbeit des Programmkomitee sehr spannend, herausgekommen ist ein Programm, in dem die Praxis im Mittelpunkt steht: die Vortragenden wissen genau, worüber sie vortragen. Besonders hat uns dabei die Zusage von Lance Spitzner gefreut, den wir eingeladen haben, über das „Honeynet Project" und seine Ideen zu sprechen. Wie in den vorherigen Workshops haben wir wieder eine konkrete Angriffstechnik herausgegriffen, mit denen wir alle konfrontiert sind. Dieses Mal werden unsere Kollegen vom RUS-CERT über Bot-Netze und deren Bedrohungspotential vortragen. In den weiteren Vorträgen werden ganz pragmatische Herangehensweisen, um Systeme, Anwendungen und Netze zu sichern, vorgestellt und kritisch hinterfragt.

Alles in allem gibt es also genug zu lernen und zu erfahren, und auch diesmal werden sicherlich hinterher mehr neue Fragen aufgetaucht sein, als beantwortet werden konnten. Aber das darf uns nicht abschrecken, vielmehr soll es uns wach halten und zum weiteren Nachdenken anregen.

Für die Unterstützung und das besondere Engagement möchte ich abschließend den Kolleginnen und Kollegen danken, die Beiträge eingereicht haben, sowie dem Programmkomitee unter Leitung von Marco Thorbrügge. Und mein Dank gilt nicht zuletzt den Mitarbeiterinnen und Mitarbeitern der DFN-CERT Services GmbH, die mir meine Aufgabe als Geschäftsführer durch ihre engagierte Arbeit sehr leicht gemacht haben.

Wir möchten an dieser Stelle auch allen denjenigen danken, die uns ihre Anregungen und Ideen mitgeteilt haben. Wie immer haben wir versucht, diese aufzugreifen und umzusetzen. Nach der positiven Resonanz der letzten Workshops ist die Veröffentlichung des Tagungsbandes in Buchform für uns zum neuen „Standard" geworden. Wir hoffen, damit auch anderen Interessierten relativ einfach und bequem Zugriff auf die Beiträge zu geben.

Wenn Sie Anregungen oder Ideen haben, erreichen Sie uns am einfachsten per Email: feedback@dfn-cert.de. Abschließend wünsche ich Ihnen einige informative Stunden, entweder direkt auf dem Workshop, oder aber bei der Lektüre dieses Tagungsbandes, Ihr

Dr. Klaus-Peter Kossakowski, Geschäftsführer, DFN-CERT Services GmbH, Hamburg

Know Your Enemy – Trend Analysis

Lance Spitzner
Honeynet Project
lance@honeynet.org

Editors Note: When this paper was first released, some readers confused this paper as a comparison between Windows and Linux. That is not the case. The purpose of this paper is to make you ask the question 'Why is no one hacking Linux anymore?'.

1 EXECUTIVE SUMMARY

Increasing life expectancy

The past 12-24 months has seen a significant downward shift in successful random attacks against Linux-based systems. Recent data from our honeynet sensor grid reveals that the average life expectancy to compromise for an unpatched Linux system has increased from 72 hours to 3 months. This means that a unpatched Linux system with commonly used configurations (such as server builds of RedHat 9.0 or Suse 6.2) have an online mean life expectancy of 3 months before being successfully compromised.

Meanwhile, the time to live for unpatched Win32 systems appears to continues to decrease. Such observations have been reported by various organizations, including Symantec [1], Internet Storm Center[2] and even USAToday[3]. The few Win32 honeypots we have deployed support this. However, Win32 compromises appear to be based primarily on worm activity.

2 THE DATA

Background

Our data is based on 12 honeynets deployed in eight different countries (US, India, UK, Pakistan, Greece, Portugal, Brazil and Germany). Data was collected from the calendar year of 2004, with most of the data collected in the past six months. Each honeynet deployed a variety of different Linux systems accessible from anywhere on the Internet. In addition, several Win32 based honeypots were deployed, but these were limited in number and could not be used to identify widespread trends.

A total of 24 unpatched Unix honeypots were deployed, of which 19 were Linux, primarily Red Hat. These unpatched honeypots were primarily default server installations with additional services enabled (such as SSH, HTTPS, FTP, SMB, etc). In addition, on several systems insecure or easily guessed passwords were used. In most cases, host based firewalls had to be modified to allow inbound connections to these services.

These systems were targets of little perceived value, often on small home or business networks. They were not registered in DNS or any search engines, so the systems were found by primarily random or automated means. Most were default Red Hat installations. Specifically one was RH 7.2, five RH 7.3, one RH 8.0, eight RH 9.0, and two Fedora Core1 deployments. In addition, there were one Suse 7.2, one Suse 6.3 Linux distributions, two Solaris Sparc 8, two Solaris Sparc 9, and one Free-BSD 4.4 system.

Of these, only four Linux honeypots (three RH 7.3 and one RH 9.0) and three Solaris honeypots were compromised. Two of the Linux systems were compromised by brute password guessing and not a specific vulnerability. Keep in mind, our data sets are not based on targets of high value, or targets that are well known. Linux systems that are of high value (such as company webservers, CVS repositories or research networks) potentially have a shorter life expectancy.

3 THE FINDINGS

Life expectancy dramatically increasing

There has been extensive documentation and publications on the tremendous increase in criminal and attacking activity on the Internet.[4] What is surprising is that even though threats and activity are reported as increasing, we see the life expectancy of Linux increasing against random attacks.

By random attacks, we mean threats that don't care which systems they compromised, often scanning large network blocks to find and compromise systems. These tools can be fully autonomous (such as worms) or launched and managed by humans (such as autorooters or massrooters).

By combining the data from all of the Linux systems deployed, we see a mean life expectancy of 3.0 months for systems that were compromised. For systems still uncompromised, we see a mean of 4.46 months. Finally, for the entire population of machines, we see a mean time of survival, including those still uncompromised: 4.1 months. The longest surviving Linux honeypot was an unpatched Red Hat 7.3 system that was online (and never compromised) for over 9 months. This is a dramatic increase from the life expectancy for default Linux systems of 72 hours seen in 2001/2002.

This life expectancy is all the more surprising when compared to vulnerable Win32 systems. Data from the Symantec Deepsight Threat Management System indicates a vulnerable Win32 system has life expectancy not measured in months, but merely hours. The limited number of Win32 honeypots we have deployed support this, several being compromised in mere minutes. However, we did have two Win32 honeypots in Brazil online for several months before being compromised by worms.

In addition, we identified several other interesting trends. First, we have identified that the older the Linux distribution, the more likely it was to be compromised if left unpatched. Based on how default installations are becoming more secure, this is to be expected. Of the 5 RH 7.3 honeypots deployed for two months or longer, three were successfully compromised. Of the 8 RH 9.0 honeypots deployed for two months or longer, only one was compromised. Of the 2 Fedora Core 1 honeypots deployed for two months or longer, neither was compromised. The most common successful attacks were password guessing and exploits against HTTPS.

Also, once a system was compromised, it was more likely to be compromised again. For example, once compromised, a Red Hat Linux honeypot based in the UK was then repeatedly compromised 18 more times in a single month.

Another surprise was in relation to the Solaris based honeypots (all default installs of Solaris 8 or 9 on Sparc). Of the four Solaris honeypots deployed two months or more, three were compromised in less then three weeks. The fourth has been online for over six months without a compromise. There is not enough data here to attempt any conclusions. One note, default installations of Solaris8 and Solaris9 have more services enabled by default than most current Linux distributions and lack a simple, host based firewall.

Of the seven systems compromised in the past six months, six of them were used for IRC bouncing, bots, and/or phishing scams. The seventh compromise was terminated before motives could be established. On at least one of the systems attackers attempted to setup a forged bank for the purpose of harvesting bank information and credit cards.

4 REASONS

There are several possible explanations for this large increase in life expectancy in Linux systems. Any of the following (or combination thereof) could potentially explain the reason for this change. Keep in mind, we have not verified all of these possibilities.

1. Default installations of Linux distributions are becoming harder to compromise. New versions are more secure by default, with fewer services automatically enabled, privileged separation in services such as OpenSSH, host based firewalls filtering inbound connections, stack protection for common threats, and other security mechanisms. This was demonstrated by the fact that in most of our Linux honeypot deployments, modifications had to be made to the default configuration to enable services and/or allow inbound connections.
   Also, older versions have been around longer, giving attackers more time to identify vulnerabilities and release attack tools. For example, searching SecurityFocus.com for advisories results in 584 advisories for Red Hat 7.3, 285 for Red Hat 9.0, and 127 for Fedora Core 1.
2. The primary threat is changing from machine-focused to human-focused. There is an growing trend towards social engineering, attacking the people using computers. In some cases, it is no longer the computer that is valuable, but the individual's information that resides on it. Also, its often becoming easier to attack the user as opposed to the system, as newer installations are more secure by default. As a result, considerably more effort is being expended in strategies such as phishing[5] to extract

valuable information from targets, or malicious websites and mobile code that compromise client systems.

3. Based purely on economies of scale, attackers are targeting Win32 based systems and their users, as this demographic represents the largest percentage of install base.

4. Windows, through piracy and low-cost distributions in developing countries (such as China), has increased market penetration. As a result, it should be expected that a greater threat could exist to W32 than Linux.

5 APPENDIX

Additional references

[1] Symantec Internet Security Threat Report, January 1 – June 30, 2004

[2] Internet Storm Center - http://isc.sans.org/survivalhistory.php

[3] USAToday – "Unprotected PCs can be hijacked in minutes" http://www.usatoday.com/money/industries/technology/2004-11-29-honeypot_x.htm

[4] CERT Incidents - http://www.cert.org/stats/cert_stats.html & http://www.cert.org/about/ecrime.html

[5] MessageLabs – "Phishing attacks skyrocket in 2004" http://news.com.com/Phishing+attacks+skyrocket+in+2004/2100-7349_3-5479145.html?tag=nefd.top

Sichere E-Maillösungen auf Domänenbasis – Neue Probleme?

Stephan Wappler

noventum consulting GmbH

Münsterstraße 111

48155 Münster

stephan.wappler@noventum.de

1 Einleitung

Derzeit entstehen aufgrund von Kunden- oder Useranforderungen neue Lösungen im Secure Messaging Umfeld und ganz speziell im E-Mailbereich. Die Anforderungen der Anwender lassen sich derzeit folgendermaßen klassifizieren:

- Eindämmung und Bewältigung von unerwünschten E-Mails, kurz als SPAM bezeichnet
- Eindämmung und Bekämpfung durch Würmer/Viren automatisiert versendeter E-Mails
- Verschlüsselter und signierter E-Mailaustausch zwischen Organisationen bzw. Anwendern

Diese Anforderungsbereiche basieren auf Designproblemen der verwendeten Mailprotokolle SMTP und MIME. Bei der Entwicklung des SMTP-Protokolls haben die Entwickler nicht an eine Authentifizierungsmöglichkeit des Absenders bzw. des sendenden Systems gedacht. Auch bei der Entwicklung der Erweiterung des MIME Standards zu S/MIME und bei der anschließenden Implementierung in die verschiedenen Produkte wurden nicht alle Verschlüsselungsmöglichkeiten, die die Anwender heute gern hätten, betrachtet.

Diesen Problemstellungen versucht man jetzt mit speziellen Einzellösungen, wie zum Beispiel mit Hilfe des Domain Key Verfahrens für die Absenderauthentifizierung und der Secure Mail Gateway Spezifikation gerecht zu werden. Jede Einzellösung für sich betrachtet, erscheint erfolgreich für die Lösung des jeweiligen Problems zu sein. Weiterhin lassen sich zwischen den beiden angesprochenen Einzellösungen deutliche Parallelen erkennen, die in zukünftigen Versionen sehr wahrscheinlich aufeinander aufbauen werden. An dieser Stelle muss jedoch die Interoperabilität zu etablierten und bereits installierten Lösungen kritisch hinterfragt werden.

2 Absenderauthentifizierung

Das Ziel der Einführung einer Absenderauthentifizierung ist es, das E-Mail Spoofing und Phishing sowie durch Würmer versendete virenverseuchte E-Mails zu unterbinden. Beim E-

Mail Spoofing bzw. Phishing benutzt der Angreifer im Allgemeinen eine Absenderadresse einer bekannten Firma oder Person, die seriös wirkt. Er versucht durch das Vorspielen einer fremden Identität das Vertrauen des Empfängers zu erlangen und Daten auszuspionieren, Falschinformationen zu lancieren, überstürzte und unüberlegte Aktionen beim Empfänger der E-Mail auszulösen bzw. diesen zur Installation von weiteren Angriffstools zu verleiten.

Würmer/Viren hingegen wählen willkürlich aus den im E-Mailadressbuch gespeicherten Adressen einige als Absender und andere als Empfänger aus und versenden dann verseuchte E-Mails, die für eine Weiterverbreitung des Schadprogramms sorgen. Für den Empfänger der E-Mails ist nicht ersichtlich, von welchem PC tatsächlich die E-Mail versendet wurde.

Beides soll durch die Einführung einer Absenderauthentifizierung unmöglich gemacht werden. Für die Absenderauthentifizierung gibt es derzeit verschiedene Lösungsansätze, die diskutiert und propagiert werden. Zu diesen Ansätzen zählen der Sender Policy Framework (SPF) als ein offener Standard, Sender-ID von Microsoft, Domain Key Verfahren von Yahoo und noch weitere. Die Verfahren unterscheiden sich in der Funktionsweise. Jedoch alle Verfahren basieren darauf, dass Informationen im DNS-Record für die Senderauthentifizierung gespeichert werden.

2.1   SPF und Sender-ID

Sender Policy Framework (SPF) und Sender-ID basieren auf der Prüfung, ob die zu übertragende E-Mail (SPF) von einem berechtigten System versendet wird oder ob die übertragene E-Mail (Sender-ID) von einem berechtigten System versendet wurde.

Hierzu werden im Domain Name Service (DNS) die berechtigten Mail Transfer Agents (MTA) mit ihren IP-Adressen eingetragen. Der Vorteil besteht darin, dass eine E-Mail abgelehnt werden kann, wenn die IP-Adresse des sendenden Systems nicht im DNS-Record eingetragen ist.

Ein Beispiel SPF Record im DNS könnte folgendermaßen aussehen:
"v=spf1 ip4:192.0.2.0/24 a:mail2.test.de -all"

Im Einzelnen bedeutet dies:

v=spf1	Identifizierung des TXT Records als einen SPF String.
ip4:192.0.2.0/24	Jeder Host im IP-Adressbereich von 192.0.2.0 bis 192.0.2.255 darf E-Mails der Domäne test.de versenden.
a:mail2.test.de	Der Host mit dem Namen mail2.test.de darf auch E-Mails der Domäne test.de versenden.
-all	Kein anderer Server oder Host darf E-Mails der Domäne test.de versenden.

Der größte Unterschied zwischen den beiden Vorschlägen besteht darin, dass beim SPF-Vorschlag der sendende Server dem empfangenden Server die anstehende Übermittlung mitteilt und der empfangende Server, bevor die eigentliche Übertragung der E-Mail beginnt, den SPF-Record auf Zulässigkeit prüft und somit der Übertragung zustimmt oder sie ablehnt. Beim Sender-ID Vorschlag von Microsoft hingegen erfolgt erst die Übermittlung der E-Mail an den Empfangsserver und dann führt dieser eine umfangreichere Prüfung aus, in deren Zusammenhang er den SPF-Record auf Sendezulässigkeit des Mailservers, der die E-Mail gesendet hat, abfragt.

Der kleine Unterschied

- erst prüfen und dann annehmen (SPF) oder
- erst annehmen und dann prüfen (Sender-ID)

kann für E-Mailprovider große Folgen haben. Haben sie die E-Mail auf ihren Servern angenommen, dann könne sie je nach Vertrags- und Rechtslage zur Zustellung an den Empfänger verpflichtet sein, auch wenn die E-Mail mit gespooften Absenderangaben und somit von einem nach DNS-Record nicht berechtigten System versendet wurde.

2.2 Domain Key Verfahren

Das Domain Key Verfahren von Yahoo basiert darauf, dass alle ausgehenden E-Mails an einer zentralen Stelle (Mail Transfer Agent) signiert werden und das empfangende System sich den zugehörigen öffentlichen Schlüssel (Domänenzertifikat) per Anfrage aus dem DNS Record ausliest. Damit kann das empfangende System die Zusammengehörigkeit von öffentlichen und privaten Schlüssel prüfen, indem es die Signatur und somit die Sendeberechtigung prüft. Zusätzlich kann die Integrität der Nachricht während der Übertragung über das Internet überprüft werden. Ist die Signatur korrekt, wird die E-Mail an den Empfänger zugestellt.

Eine Validierungsmöglichkeit per CRL oder OCSP ist derzeit nicht in der Empfehlung von Yahoo enthalten und wird auch nicht beschrieben. Das Vertrauen wird auf den Eintrag im DNS-Record gestützt.

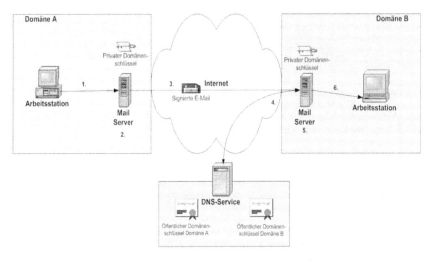

Abbildung 1: Beispiel für Domain Key Verfahren

Nachfolgend wird eine E-Mailübertragung zwischen einem User der Domäne A und einem User der Domäne B beschrieben:

1. Der User der Domäne A schreibt eine E-Mail und sendet sie ab.

2. Der Mailserver der Domäne A signiert die E-Mail mit dem privaten Domänenschlüssel der Domäne A und fügt die Signatur in den Header der E-Mail ein.

3. Anschließend wird die signierte E-Mail von Domäne A zu Domäne B übertragen.

4. Der Mailserver der Domäne B erkennt, dass die E-Mail signiert ist und von welcher Domäne die empfangene E-Mail ursprünglich versendet wurde. Er holt per DNS Anfrage den öffentlichen Domänenschlüssel der Domäne A ab.

5. Der Mailserver der Domäne B entschlüsselt die Signatur der E-Mail und stellt somit die Zusammengehörigkeit des zur Signatur verwendeten privaten und öffentlichen Domänenschlüssels der Domäne A fest. Weiterhin errechnet der Server der Domäne B auch den zugehörigen Hashwert der E-Mail und kann somit durch Vergleich des errechneten mit dem in der Signatur übertragenen Hashwert die Integrität der übertragenen E-Mail überprüfen.

6. Sind alle Prüfvorgänge korrekt und ohne Fehler verlaufen, dann wird die E-Mail an den Empfänger der Domäne B weitergeleitet. Die Weiterleitung kann mit oder ohne Signatur erfolgen. In der Regel muss sie ohne Signatur erfolgen, da die meisten Standardclients mit einer solchen Signatur nicht umgehen können und Fehlermeldungen erzeugen, die den User verwirren.

Optional können die öffentlichen Domänenschlüssel auch zur verschlüsselten E-Mailübertragung auf Domain Key Basis verwendet werden. Dieses Vorgehen wird im Abschnitt Secure Mail Gateway beschrieben.

2.3 Bekannte Probleme

Alle drei Verfahren werden derzeit in der Fachwelt diskutiert und eine breite Adaptierung durch die Hersteller von Mail Transfer Agents steht nach wie vor aus. Am Meisten verbreitet ist derzeit die SPF Implementierung. Der größte Hemmschuh für Standardisierung einer allgemeinen Lösung sind zum einen Patentrechte bzw. Streitigkeiten in Detailfragen, die bisher keine Einigung zugelassen haben.

Solange keine standardisierte und allgemein anerkannte Lösung gefunden und implementiert wird, lässt sich SPAM über diesen Weg nicht entscheidend einschränken. Für das Domain Key Verfahren werden sogar Änderungen an den etablierten Clients vorgeschlagen, da diese dieses Verfahren bisher auch nicht unterstützen (siehe auch 3.3).

Das weitaus größte, bisher jedoch nicht ausführlich diskutierte Problem aller auf DNS-Einträgen basierenden Lösungen ist das erforderliche Vertrauen der Anwender in diese DNS-Einträge. Die auf den bekannten Viren- und Würmerverbreitungstechniken (eigener SMTP-Server) basierenden Schadprogramme können auf Basis dieser vorgeschlagenen Technologien eingedämmt und in ihrer Ausbreitung behindert werden.

Für einen professionellen Angreifer stellen sie nur eine Hürde mehr dar, die er überwinden muss. Zum einen hat er die Möglichkeit den SPF-Record im DNS der von ihm gespooften bzw. per phising angegriffenen Domäne so zu manipulieren, dass sein Mailserver auch zum Senden berechtigt ist. Dieser Angriff würde bei SPF und Sender-ID funktionieren. Beim Domain Key Verfahren könnte der Angreifer den öffentlichen Schlüssel der Domäne gegen seinen verwendeten öffentlichen Schlüssel austauschen. Dies würde einem Denial of Service auf die Maildomäne entsprechen, da regulär durch diese Domäne versendete E-Mails von den empfangenden MTAs abgelehnt würden und somit kein ausgehender Mailverkehr mehr möglich wäre. Dies würde natürlich auffallen, jedoch wäre der Angreifer für eine gewisse Zeitspanne erfolgreich. Der eigentliche E-Maildomäneninhaber würde eine Änderung des öffentlichen Schlüssels wiederum veranlassen. Dies kann jedoch einige Zeit dauern bis, diese Änderung des DNS Eintrag durch das Internet verteilt worden ist. Weiterhin kann es passieren, dass einige große Mailprovider die nun wieder regulären E-Mails auch weiterhin für eine gewisse Zeitspanne ablehnen, bis deren Proxy's refreshed sind.

Noch problematischer wird die Situation, wenn ein Angreifer den privaten Schlüssel aus dem regulären MTA, der die ausgehenden E-Mails der Domäne signiert, entwendet oder kopiert. Somit wäre der Angreifer im Besitz des privaten Schlüssels und könnte seine ausgehenden, gespooften E-Mails mit dem korrekten Domain Key signieren. Der angegriffene Domäneninhaber hat nur eine Chance, einen Schlüsselaustausch des verwendeten Schlüsselpaares. Da jedoch im Domain Key Verfahren keine Verteilung von Sperrinformationen vorgesehen ist, ist der Schlüsselaustausch erst nach der vollständigen Replikation des geänderten DNS-Eintrags im Internet und des Refreshs aller Proxy's abgeschlossen. Bis dahin kann der Angreifer seine E-Mails versenden und sie würden akzeptiert werden.

Gar keine Wirkung zeigen die beschrieben Techniken bei korrekt registrierten Spammer Domains. Wenn ein Spammer alle vorgeschlagenen Maßnahmen umsetzt, d.h. er registriert seine Domain und alle notwendigen DNS-Informationen vollständig, dann haben weder SPF noch Sender-ID noch Domain Key Verfahren eine Chance ihn vom Versand unerwünschter E-Mails abzuhalten bzw. die Zustellung abzulehnen. Hier können nur Spam-Filter gemeinsam mit rechtlichen Maßnahmen erfolgreich sein.

3 Die Secure Mail Gateway Thematik

Die Secure Mail Gateway Spezifikation wurde durch die Open Group in Zusammenarbeit mit dem Massachusetts Health Data Consortium (MHDC) entwickelt. Das MHDC ist eine Vereinigung von öffentlichen und privaten Gesundheitsorganisationen und wurde 1978 gegründet. Das MHDC ist eine neutrale, unabhängige Vereinigung und sammelt, analysiert und verbreitet Informationen zum Gesundheitswesen. Eine wesentliche Aufgabe des MHDC ist die Unterstützung der Mitglieder im Bereich von Informationsprodukten, Dienste und im Technologiebereich. In diesem Zusammenhang hat sich das MHDC auf Grundlage des Health Insurance Portability and Accountability Act of 1996, auch kurz als HIPAA bezeichnet, mit der Thematik sicherer Datenaustausch zwischen Mitgliedern des Konsortiums beschäftigt.

3.1 Die Anforderungen

HIPAA verbietet den ungesicherten personenbezogenen Datenaustausch über das Internet. Aus diesem Grund hat sich das Konsortium mit dem Austausch verschlüsselter E-Mails befasst und recht schnell erkannt, dass to-End Verschlüsselung und auch to-Site Verschlüsselung mit userbezogenen Zertifikaten, d.h. pro User mindestens ein Zertifikat, zu komplex und nicht managebar für die Konsortialmitglieder ist. Deshalb hat man sich mit dem Thema E-Mailverschlüsselung auf Basis von Domänenzertifikaten, im Englischen auch als Domain Certificates bezeichnet, befasst. Ein erster Test mit Secure Mail Gateway Produktanbietern ergab, dass die Implementierungen alle proprietär waren und untereinander, d.h. zwischen den verschiedenen Produkten, kein Austausch verschlüsselter E-Mails möglich war. Auf Basis dieser Testergebnisse wurde 2003 die Open Group um Hilfe gebeten, um eine interoperable, herstellerunabhängige Lösung entwickeln zu können.

3.2 Die Secure Mail Gateway (SMG) Spezifikation

Die Open Group hat sich des Problems angenommen und eine spezielle Spezifikation für Secure Mail Gateways [5] erarbeitet. Die Spezifikation basiert auf einer Profilierung der S/MIME Spezifizierung Version 3.1 [4] und regelt alle Belange, die im Zusammenhang mit verschlüsselten E-Mailaustausch und Zertifikatshandling entstehen.

3.2.1 Domänenzertifikate

Die nachfolgende Definition ist aus dem S/MIME Gateway Profile entnommen und aus dem Englischen übersetzt:
„Ein Gateway ist mit einer oder mehreren Domänen oder Sub-Domänen verbunden. Nachrichten zwischen Teilnehmern werden auf der Basis ihrer Domäne und nicht aufgrund von Individualadressen behandelt. Gateway Zertifikate werden auch als "Domänenzertifikate" bezeichnet und haben das gleiche Format wie S/MIME Version 3 Zertifikate [1]."
Das Domänenzertifikat ist ein spezielles X.509v3 Zertifikat mit den folgenden hauptsächlichen Besonderheiten für Verschlüsselungs- und Signaturzertifikate:

- Es wird ein CN Attribut in den subject DN mit dem Wert „domain-authority" in das Zertifikat eingefügt.

- Der subject DN oder eine subjectAltName Erweiterung muss mindestens eine Inter Mail Domäne in der Form „domain-authority@domain" enthalten.

Ein Gateway kann durchaus für mehrere Domänen zuständig sein. Dann müssen entweder mehrere Internet Mail Domänen in einem Zertifikat aufgelistet werden oder für jede Domäne ist ein separates Zertifikat auszustellen.

3.2.2 Die Funktionsweise

Die Funktionsweise der Gateways mit Domänenzertifikaten ist sehr einfach und funktioniert in einer Art und Weise, wie es auch von vielen europäischen Organisationen erwartet wird.

Eine ausgehende E-Mail kann am Gateway zuerst mit dem privaten Domänenschlüssel der Senderdomäne signiert und anschließend bei vorhandenem Domänenzertifikat der Empfängerdomäne auch verschlüsselt werden. Anschließend wird die E-Mail an die Empfängerdomäne übertragen.

Eine eingehende verschlüsselte E-Mail wird vom Gateway unter Nutzung des privaten Domänenschlüssels entschlüsselt. Ist optional die Nachricht signiert, dann wird die Signatur überprüft. Ist die Überprüfung erfolgreich, dann kann je nach Vorgabe die Signaturebene entfernt werden. Waren alle Vorgänge erfolgreich, dann wird die E-Mail an den Empfänger weitergeleitet.
Es wird auf Basis der zugehörigen Domänen signiert und/oder verschlüsselt und nicht auf Basis von Individualzertifikaten von Usern.

3.2.3 Zertifikatshandling

Das Zertifikatshandling im derzeitigen Profile Version 1 ist noch sehr pragmatisch gelöst. Der Zertifikatsimport und –export erfolgt in P7C- Dateien. Der Zertifikatsaustausch erfolgt per E-Mail. Der Administrator der Domäne A sendet einen Zertifikatsrequest an die Domäne B und übermittelt das eigene Domänenzertifikat mit. Die Domäne B sendet ihr Verschlüsselungs- und Signaturzertifikat an die Domäne A zurück. Anschließend überprüfen die Administratoren der Domänen A und B per Telefon den jeweiligen Fingerprint des erhaltenen Zertifikats. Ist die Überprüfung erfolgreich, dann kann die Domäne A das Zertifikat der Domäne B zum Verschlüsseln von Nachrichten aktivieren und verwenden. Genauso kann Domäne B mit dem Zertifikat von Domäne A verfahren.

3.3 Auswirkungen und Interoperabilitätsprobleme

Da eine Validierung der Zertifikate per CRL oder per OCSP in der Version 1 bisher nicht vorgesehen ist, erfolgt derzeit auch keine Überprüfung der Domänenzertifikate auf Gültigkeit. Genauso wenig ist der Zertifikatsbezug von Verzeichnisdiensten derzeit in der Version 1 implementiert. Dies sind kleine Probleme im Gegensatz zudem, dass derzeit nur Gateways bei der Nutzung von Domänenzertifikaten untereinander kommunizieren können.

Endanwender, die eine mit einem Domänenzertifikat signierte Nachricht im Posteingang haben, erhalten in der Regel eine Fehlermeldung, dass die im Signaturzertifikat enthaltene E-Mailadresse nicht mit der Absenderadresse übereinstimmt und somit die Signatur nicht vertrauenswürdig ist. Versucht jetzt gar der Endanwender auf die erhaltene Nachricht mit einer verschlüsselten E-Mail unter Verwendung des Domänenzertifikats zu antworten, dann wird er in der Regel vor unüberwindbare Probleme gestellt. Die meisten Clients verweigern die Verschlüsselung der Nachricht mit der Fehlermeldung, dass zur (End-) Empfängeradresse kein korrespondierendes gültiges Verschlüsselungszertifikat gefunden wurde. Das Domänenzertifikat erkennen die meisten Standardclients nicht an, da die darin enthaltene E-Mailadresse nicht mit dem tatsächlichen Empfänger übereinstimmt. Verwendet der Endanwender das Domänenzertifikat und die darin enthaltene E-Mailadresse als Empfängeradresse, dann wird die E-Mail an die im Zertifikat angegeben E-Mailadresse, meist den Administrator, zugestellt. Ein automatisiertes Forwarding an den eigentlichen Empfänger erfolgt nicht, d.h. der Administrator kann die Daten lesen und entscheiden, was er damit macht. Dies ist mit Sicherheit so nicht gewünscht.

Einige Produkte umgehen den Adressierungsproblematik mit trickreichen Kniffen, die auf den jeweiligen E-Mailclient abgestimmt sind. Es muss jedoch davon ausgegangen werden, dass die E-Mailabsender diese Kniffe in der Regel nicht kennen und auch nicht in der Lage sind, diese anzuwenden.

Grundsätzlich ist die derzeitige SMG Spezifikation nur für kleine geschlossene Andwendergruppen anwendbar und nicht interoperabel zu etablierten E-Mailclientinstallationen, die auf zu-Ende Sicherheit basieren.
Im nachfolgenden Szenario werden die Probleme beim verschlüsselten E-Mailaustausch noch einmal veranschaulicht:

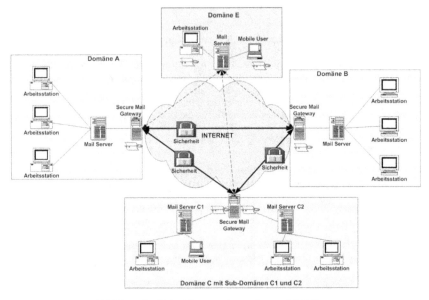

Abbildung 2:   Beispielnetzwerk von Secure Mail Gateways

Die Domänen A, B und C können auf Basis ihrer Domänenzertifikate sicher miteinander kommunizieren. Eine sichere Kommunikation mit den Anwendern der Domäne E, die userbezogene Zertifikate für die sichere E-Mailkommunikation verwendet, ist je nach eingesetzten Secure Mail Gateway Produkten zumindest zu den Usern der Domäne E möglich. Eine sichere E-Mail als Rückantwort durch die User der Domäne E an die Domänen A, B und C ist aufgrund der beschriebenen Probleme nahezu ausgeschlossen.

Für die Spezifikation Version 2 sind Lösungen für die beschriebenen Probleme angedacht. In diesem Zusammenhang wird auch die Speicherung der Domänenzertifikate im DNS diskutiert. Jedoch wird sich die Lösung der beschriebenen Probleme schwieriger gestalten, als jetzt zu erwarten ist, da eventuell Änderungen an den etablierten E-Mailclients notwendig sein werden, um die Interoperabilitätsprobleme zu beheben. Weiterhin sind bei einer Speicherung der öffentlichen Domänenschlüssel die bereits im Abschnitt 2.3 beschriebenen Probleme zu lösen.

4 Zusammenfassung

Es sollte allen bewusst sein, dass die Absenderauthentifizierung das Problem SPAM nicht löst, jedoch das Aufkommen eindämmen und die beschriebene Problematik des Spoofings und Phishings unterbinden kann. Weiterhin können Würmer, die sich auf der Basis von E-Mailadressen verbreiten, gestoppt bzw. eingedämmt werden. Unter diesen Gesichtspunkten ist der Einsatz von Absenderauthentifizierung eine unterstützenswerte Initiative.

Jedoch ist die Speicherung von Daten im DNS, wie zum Beispiel Domänenzertifikate eine sehr kritische Thematik. Generell muss hinterfragt werden, warum ein User einem DNS

Eintrag vertrauen soll. Es sind keine Sicherheitsmechanismen im DNS eingebaut und für die Thematik der E-Mailverschlüsselung wird das Abholen von Domänenzertifikaten von den meisten ausgrollten E-Mailclients nicht unterstützt. Somit ist zu befürchten, dass eine neue Schwachstelle mehr in den Mittelpunkt rückt und neue Einzellösungen in der Zukunft gesucht und entwickelt werden.

Die SMG Spezifikation wurde für das MHDC Konsortium entwickelt und ist auf den ersten Blick bedeutungslos für Europa. Wenn man den Blickwinkel etwas ändert, dann erkennt man, dass das MHDC Konsortium der Vorreiter in den USA ist und Signalwirkung für andere Health Care Bereiche in den USA hat. Somit kann von einer flächendeckenden Einführung in den USA ausgegangen werden. Weiterhin sind die ersten namhaften Produkte nach der Spezifikation Version 1 zertifiziert. Daraus kann abgeleitet werden, dass erstens die SMG Spezifikation und die zertifizierten Produkte einschließlich der beschriebenen Probleme ihren Weg nach Europa finden werden und zweitens europäische Unternehmen, die in den USA Außenstellen unterhalten, mit den Problemen vor Ort in den USA konfrontiert werden. Des Weiteren sind auch eine Vielzahl von Europäischen Organisationen an einer Domain basierten Lösung interessiert und möchten den Aufwand reduzieren, den sie mit Enduserzertifikaten bei der E-Mailverschlüsselung und –signatur haben. Der Ansatz dies mit Domänenzertifikaten zu erreichen, erscheint für sie viel versprechend. Die Umsetzung in der jetzigen Art und Weise erfüllte jedoch nicht den Anspruch einer interoperablen Lösung.

Wichtig ist, dass sich Hersteller und Anwender gemeinsam für die Interoperabilität stark machen und neue Insellösungen bekämpft werden. Mit einer neuen Insel ist für einen kurzen Moment eine Lösung für ein lokales Problem gefunden, jedoch auf längere Sicht ein viel größeres, eventuell sogar globales Problem geschaffen.

5 Literaturverzeichnis

[1] S/MIME Version 3.1 Certificate Handling, Internet Draft, draft-ietf-smime-rfc2632bis

[2] Mark Delany: Domain-based Email Authentication Using Public-Keys Advertised in the DNS (DomainKeys), Internet Draft, draft-delany-domainkeys-base-01.txt, August 2004

[3] Microsoft:Sender-ID
     http://www.microsoft.com/mscorp/twc/privacy/spam_senderid_itpro.mspx; 07.10.2004

[4] S/MIME Version 3.1 Message Specification, Internet Draft, draft-ietf-smime-rfc2633bis

[5] The Open Group: S/MIME Gateway Profile, SMIME_Gateway_Profile.pdf, erstellt am 27. Februar 2004

[6] Yahoo: DomainKeys: Proving and Protecting Email Sender Identity, Proving and Protecting Email Sender Identity, http://antispam.yahoo.com/domainkeys; 05.10.2004

PKI-Kooperationen zwischen Hochschulen und externen Einrichtungen

Stephanie Haas
HypoVereinsbank
80538 München
stephanie.haas@hypovereinsbank.de

Henning Mohren
FernUniversität in Hagen
Universitätsrechenzentrum
58084 Hagen
henning.mohren@fernuni-hagen.de

Zusammenfassung

Bereits seit 1996 bindet die FernUniversität in Hagen in zunehmend mehr Anwendungen Zertifikate ein, um die Kommunikation im Geschäftsbereich der FernUniversität abzusichern. Die Zertifikate werden dabei nach einem automatisierten Verfahren über das Internet verteilt; den Kommunikationspartnern bietet die FernUniversität die Möglichkeit, Zertifikate alternativ in Hard- und Softwareform zu nutzen.
Die Kooperation mit der HypoVereinsbank – zunächst im Rahmen eines Projektes – verhilft der FernUniversität dazu, das Verteilungsproblem von geeigneten Hardwarespeichermedien für Zertifikate zu lösen und steigert zusätzlich die Qualität der an der FernUniversität gehandelten Zertifikate.
Aufgrund des Abweichens von einer Single-Root/Single-Level- zu einer Multiple-Root/Multiple-Level-Strategie für die Public-Key-Infrastructure der FernUniversität ist ein Anpassen der Validierungsfunktionen für Zertifikate in jeder angebotenen Anwendung erforderlich.

1 Die Public-Key-Infrastructure (PKI) der FernUniversität

Zur sicheren[1] Kommunikation mit Studierenden, Mitarbeitern und Gästen betreibt die FernUniversität in Hagen seit 1996 eine – zunächst auf PGP basierende – Public-Key-

---

[1] sicher im Sinne einer PKI bedeutet authentisiert, integer, nicht-bestreitbar und geheim.

Infrastructure, die seit 1997 um eine SSL-Komponente (X.509) erweitert wurde. Anfangs wurden die SSL-Zertifikate durch das Personal der Certification Authority (CA) manuell ausgestellt. Dieses Verfahren verursachte auf Seiten der Nutzer große Unsicherheiten – es gab viele Rückfragen, falsche Anträge auf Nutzung von Zertifikaten und technische Probleme. Trotzdem setzte sich das SSL-Verfahren aufgrund der transparenten Integration der Zertifikate in die Arbeitsumgebung der Nutzer gegen die PGP-Zertifizierung durch.

1.1 Verteilung von Zertifikaten – PKI Self-Services

Im Jahr 2000 wurde der ursprünglich manuelle Ausstellvorgang für Zertifikate durch einen zum damaligen Zeitpunkt einzigartigen in Hagen entwickelten automatisiert arbeitenden Prozess ersetzt. Die Anträge der Nutzer auf Ausstellung eines Zertifikats werden seitdem online und unmittelbar überprüft und der sich anschließende technische Ausstellvorgang ist ein einziger verfahrenstechnischer Prozess [8, 6, 5]. Dies führt dazu, dass die Nutzer ein Zertifikat binnen weniger Sekunden erhalten. Die Akzeptanz des SSL-Verfahrens zum Absichern der Kommunikation innerhalb des Geschäftsbereichs der FernUniversität steigt seitdem rapide an: Bereits 40% aller Angehörigen der FernUniversität nutzen Zertifikate!

Wermutstropfen des automatisches Zertifizierungsprozesses war lange Zeit die Nicht-DFN-Konformität des Verfahrens, das aufgrund des Automatismus und der Personenidentifizierung an der FernUniversität nicht den Anforderungen der Policy der DFN PCA entsprach [4, 10]. Im Jahr 2005 wird sich die FernUniversität jedoch in die neue DFN-Basic Hierarchie eingliedern (Abbildung 1): Gutachten des DFN-Vereins und der FernUniversität haben unabhängig voneinander bescheinigt, dass mit dem Verfahren der FernUniversität „fortgeschrittene" Zertifikate nach Signaturgesetz erstellt werden können [3, 2]. Damit steht einer Eingliederung in die Zertifizierungshierarchie des DFN-Vereins nichts mehr im Wege.

1.2 Anwendungen für Zertifikate an der FernUniversität

Derzeit bietet die FernUniversität ihren Studierenden, Mitarbeitern und externen Geschäftspartnern unter anderem folgende Anwendungen aus verschiedenen Bereichen an [7, 9, 5]:

- Studierende können sich online zu Prüfungen und Praktika anmelden und ihre Ergebnisse in Form eines Prüfungskontos abrufen,

- ihre Hausaufgaben online abgeben,

- Kontaktlisten[2] anfordern und

- den virtuellen Lehrbetrieb zertifikatsbasiert nutzen.

- Mitarbeiter können die Leistungsdaten der Studierenden online einpflegen,

- die Belegerdaten zu ihren Veranstaltungen abrufen,

---

[2]In Kontaktlisten sind die Adressen anderer Studierender in räumlicher Nähe verzeichnet; die Studierenden haben der Veröffentlichung zugestimmt.

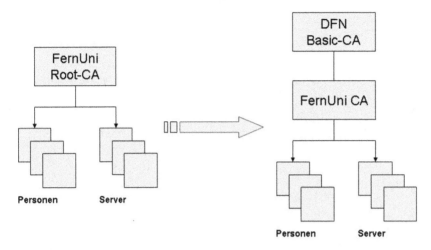

Abbildung 1: Übergang von einer Single-Root/Single-Level- in eine Single-Root/Multiple-Level Strategie

- und das „Beraterportal"[3] nutzen.

- Studierende und Mitarbeiter können den VPN-Zugang nutzen und

- lizenzpflichtige Software von Servern der FernUniversität beziehen.

Dabei besteht die Möglichkeit, ein Zertifikat in Softwareform vorzulegen. Alternativ können Studierende und Mitarbeiter einen eToken (Abbildung 2) erhalten und diesen – ausgestattet mit einem Cryptoprozessor – zum Abspeichern der Zertifikate und damit zur Portabilität der Zertifikate nutzen.

Die Verteilung von eToken stellt die FernUniversität jedoch vor einen nicht zu vernachlässigenden Verwaltungsaufwand.

2 Die Chipkarten der HypoVereinsbank

Als eines der ersten deutschen Bankhäuser bietet die HypoVereinsbank ihren Kunden Chipkarten an, auf die in Zukunft SSL-Zertifikate eines Trustcenters in einem Online-Verfahren geladen werden können. Mit diesen Chipkarten werden den Kunden der HypoVereinsbank weitere Online-Dienste angeboten. Wenn auch die Zertifikate zunächst im nach Signaturgesetz (SigG) fortgeschrittenen Niveau anzusiedeln sind, richtet sich die HypoVereinsbank bei

---

[3]Im Beraterportal der FernUniversität werden zu einer vorgegebenen Matrikelnummer die Belegungs-, Account- und Leistungsdaten der Studierenden angezeigt.

Abbildung 2: eToken der Firma Aladdin

der Personalisierung der Chipkarten bereits jetzt von ihrer Technik her an den Anforderungen qualifizierter Zertifikate aus. Dies bedeutet insbesondere, dass sich sowohl Zertifikate, als auch die Technik, auf der die Zertifikate abgespeichert werden, von der bis dato an der FernUniversität eingesetzten Lösung unterscheiden.

3 Kooperation – Harmonisierung der PKIs von Hypo-Vereinsbank und FernUniversität

In einem Kooperationsprojekt erproben und nutzen HypoVereinsbank und FernUniversität eine Zusammenarbeit auf dem Gebiet der Public-Key-Infrastrukturen. Diese Erprobung erstreckt sich auf folgende Merkmale:

- Kunden der HypoVereinsbank, die zugleich Studierende der FernUniversität sind, sollen die PKI-Anwendungen der FernUniversität mit ihren HypoVereinsbank-Chipkarten nutzen können. Dabei wird das Zertifikat auf der von der HypoVereinsbank ausgelieferten Chipkarte aufgebracht.

- Es wird untersucht, ob Anwendungen der FernUniversität mit Schnittstellen zu ePayment-Funktionalitäten ausgestattet werden können.

Die Vorteile für die FernUniversität liegen dabei auf der Hand: Die FernUniversität wird von der Verteilung der eToken entlastet; Studierende können eine äquivalente Technik nun in einer Filiale der HypoVereinsbank beziehen. Dabei erreicht die HypoVereinsbank bei der Identifizierung des Kunden/Studierenden ein höheres Sicherheitsniveau als es an der FernUniversität möglich ist: Aufgrund der räumlichen Distanz zur Hochschule werden Zertifikate auch ohne persönliche Vorsprache und der damit verbundenen Kontrolle des Personalausweises ausgestellt. (Trotzdem stellt die FernUniversität durch geeignete organisatorische Maßnahmen die korrekte Zuordnung der Zertifikate sicher [6, 14].) Dies ist bei der HypoVereinsbank hingegen zwingend vorgeschrieben.

Im Gegenzug muss die FernUniversität zukünftig folgende Auflagen erfüllen:

1. Die FernUniversität muss Zertifikate von Fremdausstellern akzeptieren und

2. die durch die HypoVereinsbank angebotene Technik auf Seiten der Zertifikatsverifikation unterstützen.

In der Konsequenz erfordert das eine weitere Strategieänderung im PKI-Betrieb: Aus einer Single-Root/Single-Level- wird nun eine Multiple-Root/Multiple-Level-Strategie (Abbildung 3).

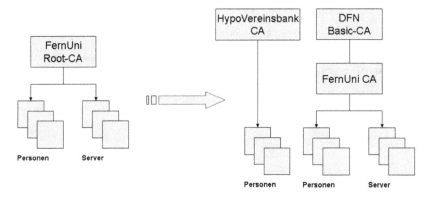

Abbildung 3: Übergang von einer Single-Root/Single-Level- in eine Multiple-Root/Multiple-Level Strategie

4 Verifikation von Zertifikaten

Zertifikate, die die Certification Authority (CA) der FernUniversität ausgestellt hat, werden von den Anwendungen auf folgende Merkmale überprüft:

1. Ist der Aussteller des Zertifikats die Certification Authority (CA) der FernUniversität?

2. Ist das Zertifikat auf einer Rückrufliste (CRL)[4] verzeichnet[5]?

Diesen Verifikationsprozess kann man sich mit der Überprüfung von Personaldokumenten am Zoll verbildlichen: Der Zollbeamte überprüft den Aussteller des Personalausweises anhand von Echtheitsmerkmalen des Dokumentes (Lichtbild, Wasserzeichen, etc.) – vergleichbar mit der digitalen Signatur der Certification Authority (CA) auf einem Zertifikat. Danach verifiziert

---

[4]Es wird auch als alternative Technik OCSP verwendet.

[5]Hoffentlich nicht...

er, dass der Inhaber des Ausweises auf keiner Fahndungsliste verzeichnet ist – vergleichbar mit der von einer Zertifizierungsinstanz ausgestellten CRL [1, 11, 12].

Erst nach positiver Prüfung liest die Anwendung den Zertifikatsinhaber aus dem Zertifikat aus, und stellt dann die durch den Studierenden angeforderten Daten bereit.

In einer Multiple-Root-Strategie muss diese Prüfung für alle zugelassenen Wurzelzertifikate erfolgen, an der FernUniversität zukünftig also für das Wurzelzertifikat der DFN-PCA (Basic) *und* für das Wurzelzertifikat des Dienstleisters der HypoVereinsbank. Alle Anwendungen der FernUniversität müssen daher in dieser Hinsicht umgestellt werden.

Dann können sowohl Zertifikate aus dem Geschäftsbereich der FernUniversität als auch des Dienstleisters der HypoVereinsbank verifiziert werden. Eines der Ziele bei der Vorlage eines Zertifikats ist jedoch die Identifizierung des Zertifikatsinhabers, also der Person, die durch Vorlage ihres Zertifikats einen Geschäftskontakt mit der FernUniversität eingehen möchte.

Üblicherweise werden Studierende an Universitäten in eindeutiger Weise anhand der ihnen zugewiesenen universitätsweit eindeutigen Matrikelnummer identifiziert. Sinnvollerweise (und dem Datenschutz nicht widersprechend [13]) ist daher die Matrikelnummer auslesbarer Bestandteil der an der FernUniversität ausgestellten Zertifikate (Abbildung 4).

Abbildung 4: Attribute der durch die FernUniversität ausgestellten Zertifikate

Konkret ist sie im Attribut „CN" enthalten: Dieses Attribut ist – wie folgt – aufgebaut:

```
CN = <Vorname> <Nachname> -- <User-ID>
```

Bei Studierenden der FernUniversität setzt sich die im Bereich der FernUniversität eindeutige User-ID aus einem „q" und der Matrikelnummer zusammen. Daher kann die Matrikelnummer sehr einfach einem Zertifikat entnommen werden.

Natürlich ist der Dienstleister der HypoVereinsbank nicht in der Lage, in Ihren Zertifikaten Matrikelnummern der FernUniversität zu führen. Wie ist es also möglich, ein Zertifikat des Dienstleisters der HypoVereinsbank einer Person aus dem Geschäftsbereich der FernUniversität zuzuordnen?

4.1 Auflösung von Zertifikaten gegen User-IDs

Die Verifikation eines Zertifikats durch Anwendungen der FernUniversität muss zukünftig in zwei Schritten geschehen:

1. Verifikation des Zertifikats im üblichen Sinne.

2. Auflösen des Zertifikats gegen eine User-ID der FernUniversität.

Dazu müssen Studierende der FernUniversität, die ein Zertifikat des Dienstleisters der Hypo-Vereinsbank nutzen möchten, dieses Zertifikat *einmalig* auf einer Webseite der FernUniversität registrieren. Die Studierenden authentisieren sich gegenüber dieser Webseite mit dem General-Password[6] und ihrer User-ID. Dann werden sie zur Vorlage des Zertifikats auf Ihrer HypoVereinsbank-Chipkarte aufgefordert. Aus dem vorgelegten Zertifikat wird der Aussteller

```
O = Dienstleister der HypoVereinsbank
```

und die Seriennummer des Zertifikats ausgelesen. Dieser Datensatz identifiziert ein vorgelegtes Zertifikat weltweit eindeutig (in Verbindung mit den üblichen Verifikationsmechanismen für Zertifikate). Er wird durch die bei der Anmeldung an der Webseite übergebene User-ID komplettiert, so dass ein Datensatz bestehend aus User-ID, Aussteller und Seriennummer in einer Datenbank für externe Zertifikate geführt werden kann.

4.2 Zugriff auf an der FernUniversität registrierte externe Zertifikate

Alle Anwendungen müssen nun nach erfolgreicher Verifikation des vorgelegten Zertifikats dieses gegen die eindeutig zugeordnete User-ID auflösen.

Dies ist bei selbst erstellten Anwendungen natürlich kein Problem. Hier ist lediglich ein weiterer Datenbankzugriff erforderlich – und das auf eine Tabelle, in der keine in bezug auf Datenschutz „geheimen" Daten enthalten sind. Alternativ kann dieser Zugriff demnächst auch als Webservice (vermutlich über SOAP) erfolgen. Als problematisch erweist sich dieses Verfahren jedoch bei kommerziellen Anwendungen, bei denen ein Eingriff in die Programmlogik nicht möglich ist (z.b. VPN-Zugriffe). Grundsätzlich kann hier zwar das Wurzelzertifikat des Dienstleisters der HypoVereinsbank hinterlegt und mit einem CRL-Mechanismus auf zurückgezogene Zertifikate überprüft werden. Eine Auflösung gegen User-IDs ist hingegen nicht

---

[6]Das General-Password ist ein Low-Traffic-Password der FernUniversität. Es wird jedem Studierenden bei Immatrikulation in Kombination mit der systemweit eindeutigen User-ID automatisch per Post zugestellt und dient dazu, Zertifikate zu beantragen und den LDAP-Account des Studierenden frei zu schalten oder zu sperren.

möglich. Dies hat dann zur Konsequenz, dass entweder allen Zertifikatsnutzern der Hypo-
Vereinsbank (also auch diejenigen, die *nicht* zum Geschäftsbereich der FernUniversität zuzuordnen sind) oder keinem Zertifikatsnutzer der HypoVereinsbank die Anmeldung am VPN der
FernUniversität erlaubt ist. Eine Lösung für diese Probleme muss gemeinsam mit den Herstellern der betreffenden Systeme gesucht werden.

5 Ausblick

Das von HypoVereinsbank und FernUniversität etablierte Verfahren eignet sich dazu, Zertifikate unterschiedlicher Aussteller zu validieren. Dabei wird das Ziel verfolgt, die Nutzer
der PKI mit nur einem einzigen Zertifikat (SmartCard) zu identifizieren. Kunden der Hypo-
Vereinsbank sind in der Lage mit ihrer ecKarte die Sicherheitsfunktionen der FernUniversität
zu nutzen, *ohne* dass hier Sicherheitseinbußen in Kauf genommen werden. Der Kunde muss
nicht mehr – wie das früher der Fall war – eine Karte der HypoVereinsbank *und* eine Karte der
FernUniversität pflegen.

Bei der Umstellung der Validierungsverfahren der FernUniversität wurde dabei insbesondere
auf Skalierbarkeit geachtet. Es ist zukünftig möglich, ohne weitere Anpassungsarbeiten und
ohne weiteren Aufwand weitere externe Partner der FernUniversität, die Zertifikate anbieten,
einzubinden, so dass auch deren Zertifikate validiert werden können. Neben Banken können
das auch andere Unternehmen der privaten Wirtschaft oder öffentliche Einrichtungen (z.B.
andere Hochschulen, DFN-Verein, etc.) sein.

Bereits jetzt haben Unternehmen der privaten Wirtschaft und öffentliche Einrichtungen (dar-
unter auch Landes- und Bundesministerien) Interesse an dem Hagener Verfahren bekundet.
Mit einigen Hochschulen des Landes Nordrhein-Westfalen bestehen bereits seit Anfang des
Jahres 2004 vertragliche Bindungen.

Literatur

[1] C. Adams and S. Lloyd. *Understanding Public-Key Infrastructures*. New Riders Publis-
hing, Indianapolis, 2000.

[2] J. Bleker. Begutachtung des Zertifizierungsverfahrens der FernUniversität in Hagen und
Einordnung in einen Level für digitale Signaturen gemäß Signaturgesetz (SigG), 2003.

[3] T. Hoeren. Modellvergleich zur Vergabe fortgeschrittener Signaturen nach § 2 Nr. 2
Signaturgesetz, 2003. Institut für Informations-, Telekommunikations- und Medienrecht,
Zivilrechtliche Abteilung, Forschungsstelle Recht im DFN, Leonardocampus 1, 48143
Münster.

[4] FernUniversität in Hagen: Certification Authority (CA). Certification Practice Statement.
https://ca.fernuni-hagen.de/certserver/help/cps.pdf, 2003.

[5] FernUniversität in Hagen: Certification Authority (CA). http://ca.fernuni-hagen.
de/, 2005.

[6] H. Mohren. Automatische SSL-Zertifizierung. In *DFN-Arbeitstagung über Kommunikationsnetze*, pages 233–242, 2003.

[7] H. Mohren. Cryptographic Security in e-learning Environments. *Campus Wide Information Systems*, in review. Emerald Insight.

[8] H. Mohren and K. Sternberger. Zertifikatsserver der FernUniversität. *Jahrbuch 2002 der Gesellschaft der Freunde der FernUniversität e.V.*, pages 129–136, 2002.

[9] H. Mohren, K. Sternberger, and B. Vogeler. Availability and security functions of the virtual university platform at FernUniversität Hagen. In *21st ICDE World Conference on Open Learning & Distance Education*, Hong Kong, 2004.

[10] DFN-CERT: DFN-PCA: World Wide Web Policy.　`http://www.pca.dfn.de/certification/policies/`, 2005.

[11] K. Schmeh. *Kryptografie und Public-Key-Infrastrukturen im Internet*. dpunkt-Verlag, Heidelberg, 2001.

[12] J. Schwenk. *Sicherheit und Kryptografie im Internet*. Vieweg, Braunschweig/Wiesbaden, 2002.

[13] J. Schwenk. Gutachten: Sicherheit der Plattform 2003 der FernUniversität Hagen, 2004.

[14] J. von Knop, W. Haverkamp, and E. Jessen, editors. *Security, E-Learning, E-Services, 17. DFN-Arbeitstagung über Kommunikationsnetze, Düsseldorf, 2003*, volume 44 of *LNI*. GI, 2004.

Microsoft Windows Eventlogs in der forensischen Analyse

Andreas Schuster
Deutsche Telekom AG
Friedrich-Ebert-Allee 140
53113 Bonn
andreas.schuster@telekom.de

1 Einleitung

Logdateien von Anwendungen und Betriebssystemen sind eine wichtige Informationsquelle zur Diagnose von Systemstörungen. Dies gilt vorbehaltlich der Unversehrtheit der Protokolle auch für die Aufklärung von Kausalketten und zeitlichen Zusammenhängen in der forensischen Analyse.

Üblicherweise enthält eine Logdatei die Informationen in der Form, in der sie von der Anwendung selbst geschrieben oder aber einem Systemdienst übergeben wurden. Dies gilt jedoch nicht für Protokolle, die durch den Eventlog-Dienst der Microsoft Windows NT-Produktfamilie erstellt wurden. Die endgültige textliche Darstellung eines Ereignisses wird hier nicht beim Erstellen der Meldung, sondern erst bei deren Betrachtung festgelegt.

Dieses ungewohnte Verhalten kann bereits bei der Administration eines Systems zu Irritationen führen. Für eine forensische Analyse zwingt es jedoch zu besonderer Umsicht, um Protokollinformationen vollständig und unverfälscht sichtbar zu machen. Dieser Artikel liefert hierfür – ausgehend von der Architektur bis hin zu bislang undokumentierten Datenstrukturen – die Grundlagen.

2 Grundlagen des Eventlogs

2.1 Konzept

Microsoft Windows NT und die ihm nachfolgenden Produkte Windows 2000, Windows XP und Windows 2003 stellen zur Protokollierung von Ereignissen den Systemdienst *Eventlog* bereit. Die Kommunikation erfolgt über eine umfangreiche und gut dokumentierte Programmierschnittstelle (API) [1]. Erwartungsgemäß bleiben die durch das API gekapselten Interna jedoch undokumentiert.

Ereignismeldungen bestehen in der Regel aus einem invarianten Text, in den für das Ereignis spezifische Daten eingefügt werden. In der Meldung 'Der Benutzer *Name* hat sich erfolgreich angemeldet.' ist der Name ein variables Datum, während der restliche Text für gleichartige Ereignisse stets unverändert bleibt. Der Meldungstext lässt sich deshalb in eine Textschablone umformen, wobei Prozentzeichen mit nachgestellter Ordnungsnummer als Platzhalter dienen.

Üblicherweise erzeugen Programme einen Protokolleintrag, indem sie die Textschablone und die jeweiligen variablen Daten als Parameter an eine Formatierungsfunktion übergeben, und die resultierende Zeichenfolge in eine Datei schreiben.

Das Eventlog von Microsoft Windows folgt nicht diesem gängigen Funktionsschema. Die Anwendung übergibt dem Systemdienst lediglich eine Fehlernummer und die variablen Daten. Zusammen mit dem Namen der Anwendung schreibt der Dienst diese Informationen in eine Datei. Das Log enthält also nicht die Meldung im Klartext.

Zur Betrachtung derartiger Protokolldaten bedarf es spezialisierter Programme, die selbst wiederum auf den Eventlog-Dienst und weitere Systemfunktionen zurückgreifen. Der Dienst filtert dabei aus der binären Logdatei den gewünschten Datensatz heraus. Das Betrachterprogramm findet zum Namen der Anwendung in der Registry eine Datei mit Meldungsschablonen. Dieser entnimmt sie mit Hilfe der Systemfunktion *FormatMessage*, gesteuert über die Meldungsnummer, die Schablone und fügt die variablen Daten an Stelle der Platzhalter ein.

Durch die Speicherung einer nur wenige Bytes großen Meldungsnummer statt der größtenteils redundanten Meldungstexte lässt sich der für ein Log vorgesehene Speicherplatz optimal nutzen. Als weiterer Vorteil der Architektur ergibt sich die Möglichkeit zur landessprachlichen Adaption der Meldungen. Die von der Anwendung zu Protokoll gegebenen Informationen sind sprachunabhängig. Den landessprachlichen Kontext liefert die leicht gegen eine andere Version austauschbare Meldungsbibliothek.

Der Vorteil verkehrt sich zum Nachteil, wenn Meldungsbibliotheken im Zuge von Softwareaktualisierungen ausgetauscht werden. Ältere Protokolleinträge erscheinen dann bisweilen ohne oder mit unsinnigen Texten. Ein Angreifer kann dieses Verhalten ausnutzen, um in ein kompromittiertes System Meldungsbibliotheken mit verharmlosenden oder in die Irre führende Texten einzubringen.

2.2 Registry

Wie unter Microsoft Windows üblich, ist die Konfiguration des Eventlog-Dienstes in der Registry gespeichert; entsprechende Eintragungen finden sich unterhalb des Schlüssels HKEY_ LOCAL_MACHINE\System\CurrentControlSet\Services.

Die auf dieser Ebene abgelegten Werte nutzt der Service Control Manager zum Start des Dienstes. Der unter *DisplayName* und *Description* hinterlegte Name beziehungsweise Beschreibungstext erscheint zum Beispiel bei der Konfiguration der Dienste in der Systemsteuerung.

2.2.1 Logs

Weitere untergeordnete Schlüssel definieren die einzelnen Logs [2]. Standardmäßig verfügt jede Installation seit Microsoft Windows NT über drei Logs: Application, Security und System. Die Server-Produkte seit Windows 2000 nutzen gegebenenfalls weitere Logs für den Verzeichnisdienst *Active Directory Services*, die *File Replication Services* und den *Domain Name Server*. Darüber hinaus können Anwendungen bei Bedarf eigene Logs definieren, wovon jedoch nur äußerst selten Gebrauch gemacht wird.

Für jedes Log legen weitere Schlüssel die Betriebseigenschaften fest. Die Mehrzahl dieser Einstellungen lassen sich über die Ereignisanzeige einsehen und auch ändern.

DisplayNameFile und DisplayNameID benennen eine Datei und die Nummer einer Ressource des Typs STRINGTABLE, die letztlich den anzuzeigenden Namen des Logs enthält. Diese Parameter werden seit Windows 2000 unterstützt. Sie ermöglichen die vollständige Anpassung der Ereignisanzeige an die Landessprache der Windows-Installation.

PrimaryModule nennt den Namen eines untergeordneten Schlüssels, der letztlich Standardtexte für das Log definiert. Der Mechanismus wird im Abschnitt 2.2.2 beschrieben.

File definiert den Pfad und Namen der Logdatei. In der Voreinstellung erstellt Windows die Dateien im Windows-Systemverzeichnis %WINDIR%\system32\config. Mit Hilfe dieser Einstellung kann ein Administrator die Logdateien an einen anderen Ort verlagern. Es sollte lediglich sichergestellt sein, dass die entsprechende Partition stets verfügbar ist. Andernfalls kann die Systemleistung beeinträchtigt werden, bis hin zum vollständigen Versagen.

MaxSize legt die maximale Größe der Logdatei fest. Der Wert muss ein Vielfaches von 64kB sein. Der Eventlog-Dienst beginnt die Protokollierung mit einer 64kB großen Datei und fügt nach Bedarf weitere Blöcke zu je 64kB an, bis zum Erreichen der hier festgelegten Maximallänge. Diese Einstellung lässt sich auch über die Ereignisanzeige vornehmen. Eine Reduzierung der Protokollgröße wird erst durch manuelles Löschen des Logs wirksam.

Retention legt fest, nach wie vielen Sekunden ein Ereigniseintrag frühestens überschrieben werden darf. Von besonderer Bedeutung sind zwei Werte: 0 zeigt an, dass Einträge jederzeit nach Bedarf überschrieben werden dürfen. Der Maximalwert (4294967295) bedeutet, dass Einträge nie überschrieben werden dürfen. Das Log kann dann im Bedarfsfall nur manuell gelöscht werden.

Die Zugriffsrechte lassen sich ebenfalls durch Einträge in der Registry kontrollieren. Eine eingehende Darstellung findet sich in [3]. Hier seien nur die wichtigsten Einstellungen genannt:

CustomSD wird durch den Windows Server 2003 ausgewertet. Der Wert dieses Schlüssels ist ein in der *Security Descriptor Definition Language* (SDDI, siehe [4]) erstellter symbolischer Ausdruck. Als Zugriffsprivilegien werden *read*, *write* und *clear* unterschieden.

```
HKEY_LOCAL_MACHINE
  System
    CurrentControlSet
      Services
        Eventlog
          Description=...
          DisplayName=...
          ImagePath=...
          Application
            File=...
            MaxSize=...
            Retention=...
            Datenquelle
              EventMessageFile=...
            weitere Datenquelle
          Security
          System
          weiteres Log
```

Abbildung 1: Konfiguration der Logs und Datenquellen in der Registry, schematisch nach [5].

Security bietet die unter *SecuritySD* beschriebenen Zugriffskontrollen für Windows NT, 2000 und XP. Allerdings muss der Security Descriptor hier binär formuliert werden (vgl. [6]).

RestrictGuestAccess verwehrt Gast- und anonymen Konten den Lesezugriff auf die Anwendungs- und Systemprotokolle. Das Securitylog ist auch ohne diese Einstellung vor Einsichtnahme durch diese Konten geschützt.

2.2.2 Datenquellen

Grundsätzlich müssen Anwendungen sich für die Nutzung des Eventlog-Dienstes registrieren, bevor sie Ereignisse zur Protokollierung melden können. Dies ist unter anderem notwendig, um zur Anzeige der Meldungen die den jeweiligen Ereignissen zugeordneten Textschablonen finden zu können. Von dieser Regel ist nur das Anwendungsprotokoll ausgenommen: Auch ohne vorherige Registrierung kann jede beliebige Anwendung in dieses Log schreiben, natürlich unter Verzicht auf die mit einer Registrierung verbundenen Fähigkeiten des Eventlog-Subsystems.

Zur Vorbereitung ihrer Registrierung muss die Anwendung in der Registry unter dem jeweiligen Log einen Schlüssel mit ihrem Namen anlegen. Hier trägt sie weitere Informationen, hauptsächlich über Fundorte von Textschablonen für Kategorien, Ereignisse und Parameter ein. Natürlich genügt es, diese Informationen nur einmal, während der Installation, anzulegen.

Während der Ausführung öffnet die Anwendung ein Handle zum gewünschten Log. Hierzu ruft sie die Funktion *RegisterEventSource* mit dem Namen des entsprechenden Schlüssels auf.

CategoryCount nennt die Anzahl anwendungsspezifischer Kategorien. Für jede Kategorie enthält das *CategoryMessageFile* eine Zeichenkette.

CategoryMessageFile verweist auf eine Datei, die lokalisierte Bezeichnungen für anwendungsspezifische Kategorien in einer Ressource des Typs MESSAGETABLE enthält.

EventMessageFile verweist auf eine Datei, die lokalisierte Textschablonen für Ereignis-Texte in einer MESSAGETABLE enthält.

GuidMessageFile verweist auf eine Datei, die Komponenten für Meldungen in einer MESSAGETABLE enthält. Die Verwendung ist undokumentiert. Microsoft Windows 2000 verwendet den Eintrag nur für den *NT MARTA Provider*. Möglicherweise ist der Schlüssel niemals von tatsächlicher Bedeutung gewesen, siehe [7].

ParameterMessageFile verweist auf eine Datei, die sprachunabhängige Komponenten für Meldungen in einer MESSAGETABLE enthält.

TypesSupported zeigt dem Eventlog-Dienst an, welche Typen von Meldungen (Information, Warnung, Fehler, etc.) die entsprechende Datenquelle erzeugt.

2.3 Dateien

Zwei Arten von Logdateien lassen sich unterscheiden. Zunächst gibt es die in der Registry mit dem Parameter *File* konfigurierten Dateien, in die der Eventlog-Dienst Protokolleinträge schreiben kann. Diese Dateien seien fortan als *primäre* Logs bezeichnet. Mit Hilfe der API-Funktion *BackupEventLog* lassen sich Sicherungskopien der Logs erstellen. Sie seinen *Backup* Logs genannt.

2.3.1 Allgemeines Datensatzformat

Bei genauerer Betrachtung zerfällt eine Logdatei in einzelne *Frames*. Hierbei sind drei Arten von Frames unterscheidbar, die jedoch alle nach einem einheitlichen Muster aufgebaut sind (siehe Tabelle 1). Identische Längenangaben am Anfang und Ende eines Datensatzes umrahmen dabei die Nutzdaten.

Innerhalb der Logdatei reihen sich die einzelnen Frames nahtlos an einander. Die doppelte Angabe der Länge am Anfang und am Ende der Frames ermöglicht dabei eine schnelle Traversierung der Liste in beide Richtungen, ohne dass eine klassische doppelt verkette Liste mit Zeigern innerhalb der Frames aufgebaut werden müsste.

2.3.2 Event

Den Hauptteil einer Logdatei bilden natürlich die Eintragungen der einzelnen Ereignisse. Die Informationen sind bereits in der Form abgelegt, in der sie von der API-Funktion *ReadEventLog* geliefert werden (siehe Tabelle 5). Diese *EVENTLOGRECORD* Struktur ist, da dem Benutzer zugänglich, im Microsoft Developer Network (MSDN) dokumentiert [8].

2.3.3 Header

Bereits der erste Datensatz innerhalb der Logdatei lässt sich nicht nach dem nunmehr bekannten Muster parsen. Zwar finden sich die Magic Bytes *LfLe* an der erwarteten Stelle, jedoch ist der Datensatz mit 48 Bytes (30h) augenscheinlich zu kurz geraten (siehe Tabelle 2).

Tatsächlich handelt es sich bei diesem Datensatz um den Dateiheader. Er enthält Informationen zur Organisation der gesamten Logdatei. Von besonderer Bedeutung sind hierbei die Flags (siehe Tabelle 3), die auf den aktuellen Zustand des Logs hinweisen. Ist die Datei als geöffnet markiert, so werden in der Regel die Informationen im Header veraltet sein. Der Eventlog-Dienst hält die aktuellen Informationen für geöffnete Dateien nur im Arbeitsspeicher. Erst beim Schließen des Logs werden diese Informationen wieder in den Header übertragen und dabei das Flag zurückgesetzt.

2.3.4 Cursor

Auch der Cursor tritt nur einmal innerhalb einer Logdatei auf. Er steht an der Stelle, an der der nächste Protokolleintrag in die Datei geschrieben werden wird. Damit markiert der Cursor das logische Ende der Datei. Ist das Log bereits rotiert, so findet sich vor dem Cursor der jüngste, nach ihm der älteste Event.

Der Cursor enthält ebenfalls einige der bereits aus dem Header bekannten Informationen (siehe Tabelle 4). Wie bereits im Falle des Headers sind diese jedoch bei einer geöffneten primären Logdatei nicht gültig.

2.3.5 Padding

Bei primären Logs wird das Ende der Datei nur zufällig mit dem Ende eines Datensatzes zusammenfallen. Der Eventlog-Dienst teilt deswegen in der Regel den nächsten Event-Frame in zwei Teile, die an das Ende der (physischen) Datei und hinter den Header geschrieben werden. Der Autor konnte jedoch beobachten, dass der Dienst in einigen Fällen den Raum zwischen dem letzten Event-Frame und dem Dateiende mit einer konstanten Zeichenfolge auffüllt und den nächsten Datensatz zusammenhängend hinter den Header schreibt.

Die Bedingungen für diese Entscheidung sind dem Autor unbekannt. Ebenso ist unbekannt, ob auch andere als die beobachtete Zeichenfolge 0x2700 0x0000 als Padding dienen können.

Das Padding vermeidet die Fragmentierung des letzten Datensatzes, was den Zugriff vereinfacht. Andererseits enthält die Datei nun an ihrem Ende eine Zeichenfolge, die sich als korrumpierter, unvollständiger Frame interpretieren lässt. Damit nicht zwangsweise das Gefüge der Frames zerstört wird, muss es ein sicheres Unterscheidungsmerkmal geben, das die Zeichenfolge zweifelsfrei als zu überlesendes Padding identifiziert.

Betrachtet man die bislang bekannten Frames, so fällt auf, dass sie stets auf DWORD-Grenzen ausgerichtet sind, das heißt, dass ihre Länge ein ganzzahliges Vielfaches von 4 Bytes ist. Im Fall von Header (48 Bytes) und Cursor (40 Bytes) ergibt sich die Ausrichtung durch die feste Länge dieser Frames von selbst. Beim Event Frame, dessen Länge variiert, sorgt ein mit Nullbytes gefülltes Feld variabler Länge für die Ausrichtung.

```
          0    2    4    6    8    A    C    E
1:ff30: a400 0000 4c66 4c65 9d01 0000 e906 b841    ....LfLe....é..A
1:ff40: e906 b841 0100 0000 0100 0100 0000 0000    é..A...........
1:ff50: 0000 0000 6000 0000 0000 0000 6000 0000    ....'.......'...
1:ff60: 0000 0000 9c00 0000 5500 7300 6500 7200    ........U.s.e.r.
1:ff70: 2000 4500 7600 6500 6e00 7400 0000 4b00    .E.v.e.n.t...K.
1:ff80: 5300 4c00 4100 4200 4f00 5200 3200 0000    S.L.A.B.O.R.2...
1:ff90: 4100 5300 7500 2000 5400 6500 7300 7400    A.S.u. .T.e.s.t.
1:ffa0: 3000 3100 3200 3300 3400 3500 3600 3700    0.1.2.3.4.5.6.7.
1:ffb0: 3800 3900 3000 3100 3200 3300 3400 3500    8.9.0.1.2.3.4.5.
1:ffc0: 3600 3700 3800 3900 3000 0000 0000 0000    6.7.8.9.0.......
1:ffd0: a400 0000 2700 0000 2700 0000 2700 0000    ....'...'...'...
1:ffe0: 2700 0000 2700 0000 2700 0000 2700 0000    '...'...'...'...
1:fff0: 2700 0000 2700 0000 2700 0000 2700 0000    '...'...'...'...
```

Abbildung 2: Padding hinter dem letzten Datensatz.

Die beobachtete Padding-Sequenz ließe sich jedoch nur als Frame mit einer Länge von 39 Bytes auffassen, was die Ausrichtung offensichtlich zerstört. Das Kriterium der Ausrichtung ist deshalb geeignet, um das Padding von gültigen Frames zu unterscheiden.

2.4 Beispiel

Ein Beispiel soll die wesentlichen Zustände einer Logdatei verdeutlichen. Das Log sei auf eine *MaxSize* von 128 kB konfiguriert. Einträge sollen jederzeit bei Bedarf überschrieben werden können, *Retention* erhält deswegen den Wert 0. Um einen definierten Anfangszustand herzustellen, wird das Log gelöscht.

Die Logdatei ist 64 kB lang und enthält nur Header und Cursor. Der Rest der Datei wird mit Nullbytes gefüllt. Header und Cursor enthalten zutreffende Daten. Alle Flags sind zurückgesetzt; die Datei ist also noch *clean*.

```
          0    2    4    6    8    A    C    E
0:0000: 3000 0000 4c66 4c65 0100 0000 0100 0000    0...LfLe........
0:0010: 3000 0000 3000 0000 0100 0000 0000 0000    0...0...........
0:0020: 0000 0100 0000 0000 803a 0900 3000 0000    .........:..0...
0:0030: 2800 0000 1111 1111 2222 2222 3333 3333    (......."""""3333
0:0040: 4444 4444 70a0 0300 d89f 0300 b026 0000    DDDDp...Ø....&..
0:0050: 001f 0000 2800 0000 0000 0000 0000 0000    ....(...........
```

Abbildung 3: Die leere Logdatei besteht nur aus Header und Cursor.

Mit Schreiben des ersten Datensatzes markiert der Eventlog-Dienst die Datei im Header als *unclean*. Dies weist darauf hin, dass Eintragungen im Header und Cursor ab jetzt nicht mehr aktuell sind. Die Informationen zur Organisation des Logs aktualisiert der Eventlog-Dienst erst beim Schließen des Logs. Außerdem ist die Datei jetzt durch das entsprechende Flag als primäres Log markiert.

Weitere Datensätze füllen das Log nach und nach bis an das Ende des ersten Blocks von 64 kB Größe. Mit dem nächsten Datensatz erweitert der Dienst das Log um einen weiteren, mit Nullbytes initialisierten Block. Die Dateigröße im Header wird erwartungsgemäß erst beim Herunterfahren aktualisiert.

Weitere Ereignisse werden protokolliert, bis auch das Ende des zweiten Blocks, und damit die konfigurierte maximale Dateigröße, erreicht ist. Wie bereits dargestellt, kann der Dienst das Ende der Datei mit einer besonderen Zeichenfolge füllen und weitere Datensätze direkt hinter dem Header einfügen. Jetzt erfolgt jedoch kein Padding, sondern der Dienst teilt den Datensatz und überschreibt den ältesten Datensatz. Die Datei ist von nun an logisch als Ringpuffer organisiert. Nach einem Neustart markiert dann auch im Header das Flag WRAPPED die Rotation.

Das Log wird auf *Ereignisse nie überschreiben* umgestellt. Der Eventlog-Dienst weist weitere Aufrufe der API-Funktion *ReportEvent* für dieses Log nun mit einer Fehlermeldung ab. Nach einer weiteren Aktualisierung des Headers durch Neustart markiert auch das entsprechende Flag das Log als FULL. Gleichzeitig ist das Log *clean*, da es nach dem Neustart keine Datensätze aufnehmen konnte.

Zunächst soll das Log mit der API-Funktion *BackupEventLog* exportiert werden. Die erzeugte Datei ist geringfügig kleiner als das Original. Im Header sind alle Flags zurückgesetzt. Obwohl das Original-Log rotiert ist, befinden sich im Backup alle Datensätze in chronologisch richtiger Reihenfolge. Die Datei schließt mit dem Cursor ab.

Um wieder Platz zu schaffen, wird das Log jetzt mit der Funktion *ClearEventLog* gelöscht, dabei sollen die Daten gesichert werden. In diesem Fall ist die erzeugte Datei genau 128 kB groß. Die Datensätze befinden sich nicht in einer strengen chronologischen Reihenfolge. Dies lässt darauf schließen, dass es sich bei der angelegten Sicherungskopie nicht um eine Kopie im eigentlichen Sinne, sondern um das aktualisierte, geschlossene und umbenannte Original-Log handelt. Eine Überwachung des Vorgangs mit dem Diagnoseprogramm *Filemon* [9] bestätigt diese Vermutung.

3 Konsequenzen für forensische Analysen

3.1 Verwendung des Windows API

Im Rahmen einer forensischen Analyse scheint der einfachste Weg zu den Logdaten über die Windows-API und den Eventlog-Dienst zu führen. Ausgehend von einer forensischen Kopie der Festplatte wird es in den meisten Fällen möglich sein, das zu untersuchende System auf ähnlicher Hardware oder gar in einer VMware-Umgebung nachzubilden. Mit dem Start des Eventlog-Dienstes können jedoch zusätzliche Einträge in die Logs geschrieben und dadurch im ungünstigsten Fall die ältesten Einträge überschrieben werden. Eine Verfälschung der Protokolle gilt es in der forensischen Analyse jedoch prinzipiell zu vermeiden. Noch schwerer wiegt der Einwand, dass diese Form der Analyse auf die Integrität des zu untersuchenden Systems vertraut.

Die Literatur empfiehlt deshalb, Logdateien zur Auswertung auf eine neue Installation aus vertrauenswürdigen Quellen zu übertragen [10]. Um dabei vollständige Meldungstexte zu erhalten, müssen auf dem Auswertungsplatz alle Meldungsschablonen des zu untersuchenden Systems vorhanden und in der Registry eingetragen sein [11].

Stehen einzelne Meldungsschablonen nicht aus einer vertrauenswürdigen Quelle zur Verfügung, ist abzuwägen, ob auf die Meldungstexte verzichtet werden kann, oder ob die entsprechenden Dateien vom zu untersuchenden System auf den Auswertungsplatz übertragen werden. Hierbei sollte versucht werden, die Integrität der Dateien durch Vergleich ihrer MD5 und SHA-1 Prüfsummen mit einer vertrauenswürdigen Bibliothek wie der NSRL [12] zu sichern.

Der Windows Event Viewer und ähnliche Programme von Drittanbietern verwenden die Funktion *OpenBackupEventLog*, um gesicherte Eventlog-Dateien anzuzeigen. Diese Funktion scheitert jedoch bei Dateien, deren UNCLEAN-Flag gesetzt ist. In diesem Fall sind auch die Zeiger auf Start und Ende des Ringpuffers ungültig. Damit lassen sich mit Hilfe des Windows-API keine Logs einsehen, die zum Zeitpunkt ihrer Sicherung vom Eventlog-Dienst geöffnet waren. Diese Beeinträchtigung sollte berücksichtigt werden, wenn im Vorfeld der forensischen Datensicherung über geordnetes Herunterfahren oder einfaches Abschalten eines Systems entschieden wird.

Die Meldungsschablonen sind als Ressourcen des Typs MESSAGETABLE in Programmbibliotheken (DLL) enthalten, die gewöhnlich auch ausführbaren Code enthalten. Damit die Funktion *FormatMessage* aus den Daten im Log den Meldungstext erstellen kann, muss ihr ein Handle auf die entsprechende DLL übergeben werden. Die DLL ist also vorher zu öffnen. Nutzt das Betrachterprogramm hierzu die Funktion *LoadLibrary*, so führt diese aber auch Code im Einsprungpunkt *DllMain* der DLL aus. Dies kann die Integrität des Auswertungsplatzes gefährden. Betrachterprogramme sollten deshalb Meldungsschablonen nur über die Funktion *LoadLibraryEx* mit dem Flag LOAD_LIBRARY_AS_DATAFILE laden [13].

3.2 Umgehung des Windows API

Von vornherein vermeiden lassen sich die dargestellten Probleme, insbesondere die für jede Untersuchung erneut durchzuführende aufwändige und für die Systemintegrität nicht ungefährliche Vorbereitung des Auswertungsplatzes, durch einen völligen Verzicht auf die Funktionalität des Windows API. Der Begutachter ist hierdurch nicht länger an Microsoft Windows als Plattform für die forensische Analyse gebunden.

3.2.1 Konfiguration des Eventlog-Dienstes

Der Registry sind die wesentlichen Daten zur Konfiguration des Eventlog-Dienstes zu entnehmen. Hierzu zählen die Namen der einzelnen Logs, die zugehörigen Dateien, ihre Größe und die minimale Vorhaltedauer für Einträge. Je nach Fall sind zusätzlich die Zugriffsrechte auf die Logs auszuwerten.

3.2.2 Logdateien identifizieren

Durch die feste Position der markanten Magic-Bytes *LfLe* ist eine einfache und zuverlässige Identifizierung einer Datei als Eventlog möglich, zum Beispiel mit dem Dienstprogramm file(1) und einem einfachen Fragment der Datei magic(5).

```
# magic(5) entry for Microsoft Windows Eventlog files (.evt)
4        string      LfLe     Microsoft Windows Eventlog,
>36      lelong      &0x1     unclean
>36      lelong      ^0x1     clean,
>>28     ulelong     x        records from %d
>>24     ulelong     x        to %d
>>36     lelong      &0x2     (wrapped around),
>>36     lelong      ^0x2     (straight),
>>36     lelong      &0x8     primary log
>>36     lelong      ^0x8     backup log
>>36     lelong      &0x4     \b, full (some data may be lost!)
```

Abbildung 4: Identifizierung von Eventlogs mit file(1)

Die Identifizierung über den Inhalt ist der unter Windows üblichen Suche allein nach der Dateiendung EVT vorzuziehen. Zum einen ist sie unabhängig gegenüber Mehrdeutigkeiten in der Zuordnung von Dateiendungen zu Anwendungen. Zum anderen lassen sich auf diese Weise auch gelöschte Logs in noch nicht wieder zugeordneten Bereichen des Datenträgers auffinden.

Die Informationen in den Headern der gefundenen Logdateien sind, sofern vorhanden, mit den Informationen aus der Registry zu vergleichen.

Die Ausgabe von file(1) weist bereits darauf hin, ob eine Logdatei ordnungsgemäß geschlossen (clean) oder zum Zeitpunkt der Sicherung noch durch den Eventlog-Dienst geöffnet war (unclean). Dies bestimmt das weitere Vorgehen.

3.2.3 Auslesen einer geschlossenen Logdatei

Im Falle einer geschlossenen Logdatei sind die Eintragungen im Header gültig, siehe Tabelle 2. Das Auslesen der Protokolleinträge beginnt am entsprechenden Offset (OfsFirstEntry), gemessen ab dem Dateianfang. Ihr Format beschreibt Tabelle 5.

Vorsicht ist geboten, wenn das Flag WRAPPED im Header gesetzt ist oder der Offset des nächsten freien Datensatzes *kleiner* als der Offset des ersten Satzes ist. In diesem Fall ist das Log bereits rotiert. Entweder ist ein Datensatz nun in zwei Fragmente aufgeteilt, die sich am Ende der Datei und direkt hinter dem Header finden. Oder aber das Ende der Datei ist wie bereits erwähnt mit scheinbar unzulässigen Einträgen gefüllt, die zu überlesen sind.

3.2.4 Auslesen einer geöffneten Logdatei

Bei einer geöffneten Logdatei geben Header und Cursor *nicht* den aktuellen Zustand wieder. Insbesondere die Offsets auf den ersten und nächsten freien Datensatz sind ungültig. Als

Startpunkt für die Auswertung ist deshalb zunächst der Cursor zu suchen, was wegen dessen auffälliger Magic-Bytes nicht schwer fällt (siehe Tabelle 4). Hiervon ausgehend lassen sich in rückwärtiger Richtung, und damit in umgekehrt-chronologischer Reihenfolge, die Protokolleinträge auslesen. Nach Erreichen des Headers ist hierbei der Vorgang am Dateiende fortzusetzen. Der Vorgang ist beendet, sobald ein ungenutzter Dateibereich oder abermals der Cursor erreicht sind.

3.2.5 Rekonstruktion der Meldungstexte

Nachdem nun die variablen Daten aller Ereignisse vorliegen, können abschließend die Meldungstexte ergänzt werden. Für die Betriebssysteme und die wichtigsten Serverdienste bieten sich hierzu entsprechende Datenbanken von Microsoft [14] und EventID.Net [15] an.

Für hier nicht verzeichnete Datenquellen und Ereignisse müssen die MESSAGETABLE Ressourcen der jeweiligen DLLs ausgelesen werden. Über eine Reihe von Tabellen ist hierzu innerhalb des PE-Headers der DLL die Ressource zu finden [16]. Den Aufbau der MESSAGETABLE beschreibt [17].

4 Zusammenfassung und Ausblick

Dem Autor ist lediglich eine freie Implementierung eines Eventlog-Parsers bekannt [18]. Ein regelmäßig durch den Autor genutzter Parser ist Bestandteil einer kommerziellen Analysesoftware. Zum Zeitpunkt der Abfassung dieses Beitrags verstehen beide Programme die Logs nicht als Ringpuffer, sondern als sequenzielle Datei. Dies kann bei einem rotierten Log zur Unterdrückung oder unvollständigen Wiedergabe eines fragmentierten Datensatzes führen. Die Informationen im Header bleiben stets unberücksichtigt. Der Begutachter wird deshalb bei einem vollen Log nicht gewarnt, dass Ereignisse möglicherweise nicht protokolliert werden konnten.

Zurückzuführen sind diese Mängel offensichtlich auf die Unklarheit über Interna des Windows Eventlogs. Beide Programme stützen sich lediglich auf die Dokumentation des Event-Frames im Microsoft Developer Network [8], wobei selbst hier geringe Unklarheiten in der Interpretation der EventID bestehen. Dieses Informationsdefizit will die vorliegende Arbeit beseitigen, um damit die plattformunabhängige Untersuchung von Windows Eventlogs zu ermöglichen.

Zur Ermittlung der Datenstrukturen waren Reverse-Engineering-Techniken erforderlich. Einige Unsicherheiten verbleiben: Welche Bedeutung hat der Schlüssel *GuidMessageFile* in der Registry? Welche Bedingungen entscheiden über Padding oder Fragmentierung eines Datensatzes bei der Logrotation? Sind die beiden unbekannten Felder im Header tatsächlich konstant? Gibt es noch unerkannte Unterschiede zwischen den einzelnen Windows-Versionen?

Für die tägliche Arbeit des Begutachters wäre eine vertrauenswürdige Datenbank von Meldungsschablonen nützlich. Die Herausforderung ist hierbei weniger technischer Natur, denn der Zugriff auf MESSAGETABLE-Ressourcen einer DLL erfordert kein Wissen über undokumentierte Strukturen. gewissenhaft zu erfassen wären Datenquelle, EventID, Sprache und schließlich die Meldungsschablone mit der genauen Version der DLL.

5   Aufbau der Log-Dateien

Tabelle 1: Allgemeiner Frame

Nr.	Offset	Länge	Name	Bedeutung
1	00h	4	Length1	Länge des Datensatzes.
2	04h	var	Data	Nutzdaten.
3	var	4	Length2	Länge des Datensatzes.

Tabelle 2: Header-Frame

Nr.	Offset	Länge	Name	Bedeutung
1	00h	4	Length1	Länge des Datensatzes (30h)
2	04h	4	Magic	Zeichenfolge *LfLe* zur Identifikation
3	08h	4	Unknown1	Unbekannt
4	0ch	4	Unknown2	Unbekannt
5	10h	4	OfsFirstEntry	Offset bez.. Dateianfang des ältesten Events.
6	14h	4	OfsNextEntry	Offset bez. Dateianfang des Cursors.
7	18h	4	NumNextEntry	Nächste zu vergebende Satznummer.
8	1ch	4	NumFirstEntry	Satznummer des ältesten Events.
9	20h	4	Filesize	Größe der Datei in Bytes.
10	24h	4	Flags	Markierungen zum Zustand der Datei.
11	28h	4	RetentionPeriod	Mindest-Aufbewahrungszeitraum für Einträge.
12	2ch	4	Length2	Länge des Datensatzes.

Tabelle 3: Flags des Header-Frames

Maske	Flag	Wert	Bedeutung
0001h	FLAG_UNCLEAN	0	Die Datei ist unbenutzt.
		1	Daten wurden in das Log geschrieben.
0002h	FLAG_WRAPPED	0	Die Logdatei wurde nicht rotiert.
		1	Die Logdatei wurde rotiert.
0004h	FLAG_FULL	0	Die Logdatei kann noch Daten aufnehmen.
		1	Die Logdatei ist voll.
0008h	FLAG_PRIMARY	0	Es handelt sich um ein Backup.
		1	Es handelt sich um eine primäre Logdatei.

Tabelle 4: Cursor-Frame

Nr.	Offset	Länge	Name	Bedeutung
1	00h	4	Length1	Länge des Datensatzes (28h).
2	04h	var	Magic	Zeichenfolge *0x1111 1111 2222 2222 3333 3333 4444 4444* zur Identifikation.
3	14h	4	OfsFirstEntry	Offset bez. Dateianfang des ältesten Events.
4	18h	4	OfsNextEntry	Offset bez. Dateianfang des Cursors.
5	1ch	4	NumNextEntry	Nächste zu vergebende Satznummer.
6	20h	4	NumFirstEntry	Satznummer des ältesten Events.
7	24h	4	Length2	Länge des Datensatzes.

Tabelle 5: Event-Frame

Nr.	Offset	Länge	Name	Bedeutung
1	00h	4	Length1	Länge des Datensatzes.
2	04h	4	Magic	Zeichenfolge *LfLe* zur Identifikation
3	08h	4	RecordNumber	Fortlaufende Nummer des Ereignisses.
4	0ch	4	TimeGenerated	Zeitpunkt des Empfangs durch den Eventlog-Dienst.
5	10h	4	TimeWritten	Zeitpunkt der Protokollierung durch den Eventlog-Dienst.
6	14h	4	EventID	Kenn-Nummer für das Ereignis.
7	18h	2	EventType	Klasse des Ereignisses.
8	1ah	2	NumStrings	Anzahl an einzufügenden Strings.
9	1ch	2	EventCategory	Kategorie des Ereignisses.
10	1eh	2	ReservedFlags	Reserviert, immer 0.
11	20h	4	ClosingRecord	Reserviert, immer 0.
12	24h	4	StringOffset	Offset bez. des Satzanfangs zu Strings.
13	28h	4	UserSidLength	Länge der binären SID.
14	2ch	4	UserSidOffset	Offset bez. des Satzanfangs der binären SID.
15	30h	4	DataLength	Länge zusätzlicher binärer Daten.
16	34h	4	DataOffset	Offset bez. des Satzanfangs.
17	38h	*var*	SourceName	Bezeichner der Datenquelle (Unicode).
18	*var*	*var*	ComputerName	Name des Computers (Unicode).
19	*var*	*var*	SID	Security Identifier in binärer Darstellung, s.a. Felder 13 u. 14.
20	*var*	*var*	Strings	Array einzufügender Strings.
21	*var*	*var*	Data	Array zusätzlicher binärer Daten, s.a. Felder 15 u. 16.
22	*var*	*var*	Pad	Ausrichten auf DWORD-Grenze (Vielfaches von 4 Bytes).
23	*var*	4	Length2	Länge des Datensatzes.

Literatur

[1] Microsoft. *Plattform SDK: Debugging and Error Handling.* Verfügbar unter: http://msdn.microsoft.com/library/en-us/debug/base/event_logging. asp (2004-10-31)

[2] Microsoft. *Eventlog Key.* Verfügbar unter: http://msdn.microsoft.com/library/en-us/debug/base/eventlog_key.asp (2004-10-31)

[3] Microsoft. *Event Logging Security.* Verfügbar unter: http://msdn.microsoft.com/library/en-us/debug/base/event_logging_security.asp (2004-10-31)

[4] Microsoft. *Security Descriptor Definition Language.* Verfügbar unter: http://msdn.microsoft.com/library/en-us/secauthz/security/security_descriptor_definition_language.asp (2004-10-31)

[5] Microsoft. *Event Sources.* Verfügbar unter: http://msdn.microsoft.com/library/en-us/debug/base/event_sources.asp (2004-10-31)

[6] Microsoft. *Security Descriptor.* Verfügbar unter: http://msdn.microsoft.com/library/en-us/secauthz/security/security_descriptor.asp (2004-10-31)

[7] Fitzgerald, E. *Monitoring Windows Security Events,* Beitrag auf der Mailingliste loganalysis@shmoo.com am 2003-10-21. Verfügbar unter http://sisyphus.iocaine.com/pipermail/loganalysis/2003-October/002238.html (2004-10-31)

[8] Microsoft. *EVENTLOGRECORD Structure.* Verfügbar unter: http://msdn.microsoft.com/library/en-us/debug/base/eventlogrecord_str.asp (2004-10-31)

[9] Russinovich, M. und B. Cogswell *Filemon for Windows, Version 6.12* Verfügbar unter http://www.sysinternals.com/ntw2k/source/filemon.shtml (2004-10-31)

[10] Casey, E., Larson, T. & Long, H. M. (2003). Network Analysis. In E. Casey (Hrsg.), *Handbook of Computer Crime Investigation (2. Aufl.)* (S. 221-281). London: Academic Press.

[11] Microsoft. *Knowledebase Article 165959: Reading a File Saved with the Event Viewer of Another Computer.* Verfügbar unter: http://support.microsoft.com/kb/165959/ (2004-10-31)

[12] U. S. Department of Justice, National Institute of Justice. *National Software Reference Library.* Verfügbar unter http://www.nsrl.nist.gov/ (2004-10-31)

[13] Microsoft. *LoadLibraryEx.* Verfügbar unter http://msdn.microsoft.com/library/library/en-us/dllproc/base/loadlibraryex.asp (2005-01-08)

[14] Microsoft. *Events and Errors Message Center.* Verfügbar unter http://www.microsoft.com/technet/support/eventserrors.mspx (2005-01-08)

[15] Altair Technologies Ltd. *EventID.Net.* Verfügbar unter http://www.eventid.net (2004-10-31)

[16] Microsoft. *Microsoft Portable Executable and Common Object File Format Specification.* Verfügbar unter http://www.microsoft.com/whdc/system/platform/firmware/PECOFF.mspx (2004-10-31)

[17] Rogers, F. *Win32 Binary Resource Formats.* Verfügbar unter http://www.csn.ul.ie/~caolan/publink/winresdump/winresdump/doc/resfmt.txt (2004-10-31)

[18] French, J. *evt_log_parse.php.* Verfügbar unter http://www.whitehats.ca/downloads/malik/evt_log_parse.txt (2004-10-31)

Botnetze

Tom Fischer
RUS-CERT
Universität Stuttgart
Breitscheidstr. 2
70174 Stuttgart
fischer@cert.uni-stuttgart.de

Einleitung: Botnetze, ein Heer von kompromittierten, zentral kommandierten und ferngesteuerten Systemen (sog. Bots), werden derzeit massiv für *Distributed Denial of Service* (DDoS)-Angriffe, zur Initialverbreitung von Malware, zum massenhaften Versenden von Spam und zum Informationsdiebstahl (z.B. von Authentifizierungsinformationen oder CD-Keys) ausgenutzt. Botnetze mit mehreren zehntausend Bots sind keine Seltenheit, sondern tägliche Realität. Die Motivation der Botnetz-Betreiber variiert zwischen „Fun" und „Profit", die Betreiber variieren zwischen Scriptkiddies und organisierten kriminellen Organisationen.

Jüngste Pressemitteilungen, wie z.B. der ZDNet UK-Artikel „Thousands of companies are paying off online extortionists" [1] zeigen, dass das Potential von Botnetzen von einigen Organisationen zur Erpressung ausgenutzt wird. Wer nicht bezahlt, muss mit einem DDoS-Angriff, ausgehend von mehreren zehntausend Bots, rechnen. Wer bezahlt, wiegt sich jedoch in falscher Sicherheit.

1 Was sind Bots und Botnetze?

Der Begriff "*Bot*" ist von dem Wort "*Robot*" abgeleitet. Im informationstechnischen Umfeld wird darunter zumeist ein Programm verstanden, welches ohne menschlichen Eingriff Aktionen ausführt. Einer der bekanntesten klassischen "Bots" ist z.B. der IRC-Bot Eggdrop[1], der seit 1993 gerne zur Automatisierung von *Internet Relay Chat* (IRC)-Funktionen eingesetzt wird. Mittlerweile wird der Begriff "Bot" im Umfeld der IT-Sicherheit nicht mehr primär für IRC-Bots (wie Eggdrop) sondern für Fernsteuerprogramme verwendet, über die kompromittierte Systeme von einem Angreifer zentral befehligt werden können. Diese Bots, die als Kommunikationsbasis i.a. ebenfalls primär das IRC nutzen, verbinden sich hierbei zu einem IRC-Server und treten einem sogenannten *Channel* bei. Ein Channel ist ein gemeinsamer Kanal (analog dem Funkverkehr) auf dem sich die Teilnehmer unterhalten können. Der IRC-Server dient dabei als Relaisstation (daher Internet *Relay* Chat). Der Verbund aus Bots in einem Channel und IRC-Servern wird als Botnetz bezeichnet. Um nicht authorisierten Personen einen Einblick und die Kontrolle über die Bots zu verwehren, sind die IRC-Server sowie die Channels oftmals mit einem Passwort versehen (dem Bot und dem Botnetz-Betreiber bekannt).

---

[1] http://www.eggheads.org/

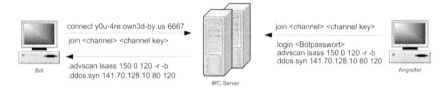

Abbildung 1: Beispiel einer r(x)bot-IRC-Kommunikation

In dem in Abbildung 1 dargestellten Kommunikationsbeispiel verbindet sich ein mit einem Bot infiziertes System zu dem im Schadcode festgelegten IRC-Server; im obigem Beispiel mit dem DNS-Namen „y0u-4re.own3d-by.us". Der Bot tritt dem ebenfalls im Schadcode festgelegten IRC-Channel bei. Ein Angreifer (der Botnetz-Betreiber) kann nun in dem Channel nach einer Authentifizierung gegenüber den Bots (in diesem Beispiel „.login <Botpasswort>") Befehle an die Bots erteilen. Die Authentifizierung ist erfolgreich, wenn das übergebene Botpasswort mit dem im Schadcode festgelegten übereinstimmt. Daraufhin führen die Bots die nachfolgend übergebenen Befehle aus. So führt der Befehl „.advscan lsass 150 0 120 –r -b" etwa dazu, dass alle Bots in diesem Channel nach bzgl. der Microsoft Windows Schwachstelle (MS04-11[2], LSASS) verwundbaren Systemen scannen. Bei verwundbaren Hosts wird die Schwachstelle ausgenutzt und der (Bot-)Schadcode via TFTP übertragen. Die Parameter hinter dem Befehl „advscan" spezifizieren die auszunutzende Schwachstelle (lsass), die Anzahl der parallelen Scanthreads (150), die Verzögerung (0 Sekunden), die Zeitdauer des Scans (120 Sekunden) sowie durch die Option „-b" einen Scan innerhalb des Class-B-Netzsegmentes des Bots mit zufälligen Ziel-IP-Adressen (-r). Das zweite Beispiel (.ddos.syn 141.70.128.10 80 120) zeigt einen DDoS-Angriff mit SYN-Paketen gegen die IP-Adresse „141.70.128.10" mit dem Zielport 80 und einer Zeitdauer von 120 Sekunden.

2 Verbreitungswege

Die meisten Bots beinhalten aktive Scanroutinen und Exploitcodes zur Verbreitung der Malware, d.h. Bots scannen nach Systemen mit bestimmten Schwachstellen um selbige zu infizieren. So beinhalten derzeitige Bots zumeist nachfolgende aktive Verbreitungswege:

- LSASS (MS04-011) über TCP/445
- RPC-DCOM (MS03-026/MS03-039) über TCP/135, TCP/445, TCP/1025
- Netzlaufwerkfreigaben und Accounts mit Trivialpasswörtern (Verbindung über TCP/139 bzw. TCP/445)

Viele Bots weisen zahlreiche weitere aktive Verbreitungswege auf, die z.B. unter [2] zu finden sind. Erwähnt sei aber noch eine Schwachstelle, die nicht Windows-Systeme betrifft, sondern Linux-basierte Systeme:

- CPanel (#VU831534)

Einige Botvarianten sind nämlich nicht rein auf Windows-Systeme zugeschnitten, sondern wurden plattformübergreifend entwickelt. Der modulare Aufbau erlaubt es zumeist einfach

---

[2] http://www.microsoft.com/technet/security/bulletin/MS04-011.mspx

weitere Module zu implementieren, um z.B. nach aktuelleren Schwachstellen zu scannen und als verwundbar erkannte Systeme zu infizieren.

3 Gefahrenpotential

Das RUS-CERT konnte im Mai 2004 basierend auf den POST-Requests des Agobot/Phatbot, die der Netzperformancemessung dienen, pro Tag ca. 300.000 unterschiedliche IP-Adressen ermitteln, die mit einer Agobot/Phatbot-Version infiziert waren. Innerhalb einer Woche konnten so mehr als eine Million unterschiedlicher IP-Adressen identifiziert werden, die offenbar mit dem Agobot/Phatbot infiziert waren. Auch unter Berücksichtigung von Mehrfachzählungen infizierter Hosts (durch dynamische IP-Adressvergabe) lag die tatsächliche Zahl der mit Agobot/Phatbot infizierten Systeme bei mehreren hunderttausend pro Woche. Im Dezember 2004 betrug die Anzahl der unterschiedlichen Agobot/Phatbot-Hosts weniger als 100.000 pro Tag. Der Rückgang ist jedoch primär darauf zurück zu führen, dass sich die Agobot/Phatbot-Wurmderivate nicht mehr so großer Beliebtheit erfreuen, sondern eine Migration z.B. auf r(x)bot-Varianten stattgefunden hat. So konnten wir in den Monaten Juli-November 2004 eine Zunahme von Botnetzaktivitäten feststellen, und z.B. in diesen fünf Monaten ca. 350 Botnetz-IRC-Server-IP-Adressen ermitteln, die zu ca. 200 unterschiedlichen Botnetzen gehörten. Dabei variierten die Botnetze in der Anzahl von Bots zwischen wenigen hundert und mehr als hunderttausend Bots. Der von uns ermittelte Durchschnittswert dürfte bei ca. 5.000 Bots pro Botnetz liegen, was bei 200 Botnetzen eine Gesamtzahl von rund einer Million Bots ergibt, die unter fremder Kontrolle stehen!

3.1 Funktionsumfang

Die meisten Bots weisen einen komplexen Funktionsumfang auf, der auf die Wünsche der Botnetzbetreiber zugeschnitten ist. Grob kann man die Funktionen in folgende Bereiche aufteilen:

- *IRC-Steuerung*. Diese dient zur Steuerung von Bots über IRC und umfasst z.B. auch die Möglichkeit, Bots auf einen anderen IRC-Server und Channel zu migrieren.
- *Weiterverbreitung und Spezifikation der Scanroutinen und der zu verwendenden Exploits sowie Angabe der zu scannenden IP-Adressbereiche* (zumeist wird primär innerhalb des eigenen Class-B-Netzes gescannt).
- *Denial of Service (DoS) Angriffe*. Hier weisen die meisten Bots verschiedene DoS-Angriffsmöglichkeiten, wie z.B. SYN-, ACK-, UDP-, ICMP-, HTTP-Flood auf. Üblicherweise kann ebenfalls spezifiziert werden, ob die Quell-IP-Adresse gefälscht werden soll oder nicht.
- *Routinen, die zur Aktualisierung bzw. dem Nachladen von Programmcode dienen.* Dies umfasst primär das Herunterladen und Ausführen von Programmcode über HTTP und FTP. Neben der Aktualisierung von Bots wird dies zur Initialverbreitung neuer Malware eingesetzt.
- *Netzwerksniffer und Keylogger*, die zum Informationsdiebstahl (z.B. dem Abgreifen von Passwörtern) dienen.
- *Backdoors*, wie etwa ein Web-Server, der auf den Bots aktiviert werden kann, um auf beliebige Dateien des Bots schnell und bequem via Webfrontend zugreifen zu können.
- *Proxy-Server*, die ebenfalls auf den Bots aktiviert werden können und z.B. der Verschleierung von Netzverkehr dienen.
- *Routinen zum Versenden von E-Mails* (SPAM) und der Ermittlung von E-Mail-Adressen auf den Bots.

- *Funktionen zum Verbergen des Bots*, wie z.b. der Deaktivierung von Anti-Viren-Software und Verhinderung einer Aktualisierung von Anti-Viren-Software durch Änderung der lokalen Hosts-Datei[3]. Eintragungen in der lokalen Hosts-Datei können auch für Phishing-Angriffe benutzt werden, indem z.B. für den DNS-Namen einer Onlinebanking-Webseite eine andere IP-Adresse, die unter der Kontrolle des Angreifers steht, festgelegt wird.

- *Auslesen von Konfigurationen der Bots*, wie z.b. insbesondere von Registry-Werten, die CD-Keys von Spielen oder Microsoft-Produkten beinhalten.

3.2 Langzeitverhalten

Das Langzeitverhalten infizierter Systeme kann an nachfolgender Grafik, die auf Bagle.aa@MM (NAI)-Verbindungsversuchen[4] basiert, anschaulich aufgezeigt werden. Zu sehen ist die Anzahl mit Bagle.aa@MM infizierter, unterschiedlicher IP-Adressen pro Tag. Kurz nach der Erstverbreitung Ende April 2004 steigt die Zahl rasch auf ca. 200.000 infizierte Systeme, beträgt aber auch Monate später noch deutlich mehr als 100.000. Ebenfalls schön zu sehen sind die Wochenenden, an denen deutlich weniger infizierte Systeme aktiv sind. Dies gibt Grund zur Annahme, dass überraschenderweise auch zahlreiche Firmensysteme, die am Wochenende abgeschaltet werden, betroffen sind.

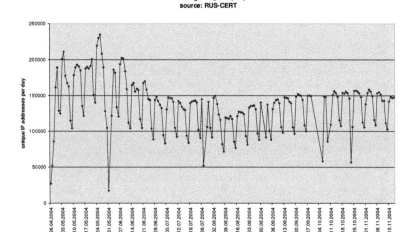

Abbildung 2: Bagle.aa@MM-Langzeitverhalten basierend auf den für Bagle.aa typischen GET-Requests zu dem Webserver www.uni-stuttgart.de

---

[3] Die Hosts-Datei befindet sich bei Microsoft Windows Betriebssystemen üblicherweise unter %SYSTEM%\drivers\etc\hosts

[4] Mit Bagle.aa@MM infizierte Hosts versuchen von zahlreichen fest eincodierten Webservern, z.B. von www.uni-stuttgart.de, eine Datei „5.php?p=2535&id=" zu beziehen. Basierend auf diesen GET-Requests wurden die in Abbildung 1 angegebenen Zahlen von www.uni-stuttgart.de gewonnen.

Das Langzeitverhalten infizierter Systeme kann von Bagle.aa@MM (dessen Hintertür z.B. auch von zahlreichen Bots zur Verbreitung ausgenutzt wird) auf Bot-infizierte Systeme übertragen werden. Die Infektion bzw. selbst die Fern- bzw. Fremdadministration bleibt oftmals für den Endanwender über einen langen Zeitraum unbemerkt.

4 Detektion

4.1 Auswertung von Verkehrsdaten

Eine Detektionsmöglichkeit besteht in der Erfassung und Auswertung von Verkehrsdaten die z.B. mittels Netflows gespeichert und wie im Falle der Universität Stuttgart in einer relationalen Datenbank gespeichert werden [3]. Systeme, die mit einem Bot infiziert sind, können aus mehreren Gründen in der Auswertung von Verkehrsdaten auffallen. Zum einen gehen von Bots zumeist Portscans zur Weiterverbreitung der Malware (siehe Kapitel 2) bzw. *Denial of Service* (DoS) Angriffe aus. Zum anderen weisen Bots Verbindungen zu IRC-Servern auf (die jedoch nicht zwingend auf den IRC-typischen Ports 6666-6669 stattfinden müssen).

4.2 command & control-Kommunikation

Eine weitere Detektionsmethode besteht in der Erfassung der Charakteristik der IRC-Kommunikation gängiger Bots. So werden üblicherweise Steuerbefehle zur Initiierung von *Distributed Denial of Service* (DDoS)-Angriffen, zum Download von Malware bzw. zur Durchführung von Scans übertragen. Auf diese Befehle kann der Netzverkehr mittels signaturbasierter *Netzwerk Intrusion Detection Systeme* (NIDS) analysiert werden. Da bislang nur wenige Bots eine verschlüsselte oder verschleierte Kommunikation benutzen, können z.B. folgende (regex-)Strings bei der command & control (c&c)- Detektion nützlich sein[5]:

- (advscan|asc|xscan|adv\.start) (webdav|netbios|ntpass|dcom(2|135|445|1025)|mssql| |sass|optix|damewarelupnplsasser)
- scan\.(stop|start|disable|enable|clearnetranges|resetnetranges|listnetranges|delnetrange| addnetrange)
- (upd|getfile|dll|download) http:\/\/
- floodnet ([0-9]{1,3}\.){3}[0-9]{1,3}
- (tcp|syn|udp|ack|ping|icmp)flood ([0-9]{1,3}\.){3}[0-9]{1,3}
- (tcp|syn|udp|ack|ping|icmp) ([0-9]{1,3}\.){3}[0-9]{1,3}
- ddos\.(httpflood|phaticmp|phatsyn|phatwonk|stop|synflood|targa3|udpflood|syn| ack|random) ([0-9]{1,3}\.){3}[0-9]{1,3}
- ntscan ([0-9]{1,3})

Um z.B. für *Intrusion Detection Systeme* unsichtbar zu sein gibt es mittlerweile aber auch Botvarianten, bei denen die übertragene Befehlssyntax sowie ggf. die komplette c&c-Kommunikation verschlüsselt wird (z.B. via SSL-IRC) bzw. wie im Falle des Forbot durch Hashes verschleiert wird. Ferner sei darauf hingewiesen, dass die IRC-basierten Bots zwar

---

[5] Eine ausführlichere Übersicht ist z.B. unter http://cert.uni-stuttgart.de/doc/netsec/bots.php zu finden.

den Hauptanteil an Bots darstellen, es aber auch Ansätze für P2P- und AOL Instant Messenger (AIM)-Bots gibt.

4.3 DNS

Die meisten Bots kontaktieren in der Malware anhand von DNS-Records festgelegte IRC-Server. Domainnamen wie etwa „y0u-4re.own3d-by.us" machen ihrem Namen alle Ehre. Durch die Protokollierung von DNS-Anfragen an zentralen DNS-Servern kann ggf. ein Rückschluss auf infizierte Hosts stattfinden. Diese Domainnamen sind aber auch insbesondere der Schlüssel zur Deaktivierung von Botnetzen. Gelingt es die DNS-Einträge zu entfernen (z.B. durch Benachrichtigung der jeweiligen DNS-Provider), so können sich infizierte Hosts nicht mehr zu den IRC-Servern verbinden[6]. Aus dieser Motivation heraus hat das RUS-CERT einen Dienst, der sich „passive DNS-Replikation" nennt, etabliert [4]. Hierbei wird der DNS-Netzverkehr an einigen Sensoren mitgeschnitten und die DNS-Records in einer Datenbank gespeichert. Dadurch konnten insbesondere reverse DNS-Records (Ergebnis der Ermittlung des Domainnamens anhand eine IP-Adresse) gewonnen werden, die andernfalls nicht vorliegen würden.

5 Entfernung und Vorbeugung

5.1 Entfernung

Die Erfahrung am RUS-CERT zeigt, dass Anti-Viren-Software derzeit keine ausreichenden heuristischen Detektionsmöglichkeiten bzgl. Bot-Malware aufweist. Die aktuellen Bot-Varianten werden zumeist nicht erkannt oder nur unzureichend entfernt. Etwaige Bot-bedingte Systemveränderungen, wie etwa eingerichtete Freigaben oder DCOM-Einstellungen, werden nicht rückgängig gemacht. Eigene Tests haben ergeben, dass oft nur kleine Sourcecodeänderungen notwendig sind, damit der „neue" Bot von Anti-Virensoftware nicht mehr erkannt wird. Es bleibt in letzter Konsequenz nur, dass nach einer Bot-Infektion dringend angeraten wird, das System neu zu installieren. Es gilt auch zu beachten, dass die meisten Bots sowohl einen Keylogger, der die Tastatureingaben sowohl via IRC als auch lokal in einer Datei protokolliert, als auch oftmals einen Netzwerksniffer aufweisen, der den Netzverkehr z.B. auf Authentifizierungsinformationen hin untersucht. Es muss im Zweifelsfall davon ausgegangen werden, dass Authentifizierungsdaten öffentlich wurden, weshalb alle Passwörter tunlichst geändert werden sollten.

5.2 Vorbeugung

Die einzig vielversprechende Möglichkeit, die Gefahr von Botnetzen zu reduzieren, liegt bei der Absicherung der Endsysteme. Hierbei können lokale Paketfilter wie z.B. durch den Windows XP ServicePack2 aktiviert, sicherlich behilflich sein. Darüber hinaus sind aber weitere Schritte und eine nachhaltige Pflege der Endsysteme notwendig. Zusätzlich zu den bereits weit verbreiteten *eingehenden* Filtern sollte auch immer mehr der Einsatz von

---

[6] Einige Botnetzbetreiber haben dies erkannt und einen Fallback IRC-Server implementiert, der kontaktiert wird, falls der primäre DNS-Namen nicht verfügbar ist. Bei den Fallback-Systemen handelt es sich oftmals um reguläre IRC-Server wie z.B. irc.undernet.org.

ausgehenden Filtern und die Filterung innerhalb eines lokalen Netzes in Betracht gezogen werden. Ein ebenfalls heikler Punkt ist die Neuinstallation eines Systems, da während einer Neuinstallation und der Aktualisierung durch Sicherheitsupdates bereits eine Infizierung stattfinden kann, falls keine entsprechenden Gegenmaßnahmen ergriffen wurden[7].

6 Fazit

Die Bedrohung durch Botnetze ist real. Die Opfer eines DDoS-Angriffs, ausgehend von mehreren zehntausend Bots, können sich nicht oder nur sehr schwer schützen[8]. Im Falle einer Erpressung kann dies dazu führen, dass einige Einrichtungen lieber bezahlen als ggf. längere Zeit auf ihre Onlinepräsenz zu verzichten. Durch die Bezahlung gewinnt der Botnetzhandel aber weiter an Attraktivität, wodurch andere Botnetzbetreiber auf den „Markt" drängen werden. Selbiges gilt für die „Einnahmequelle" SPAM. Hinzu kommt, dass die Botnetzbetreiber bislang kaum mit einer Bestrafung rechnen müssen, da die Täterermittlung oft sehr schwierig ist.
Eine Reduzierung des Gefahrenpotentials ist derzeit nur durch eine verbesserte Absicherung der Endsysteme und der Weiterentwicklung von IDS und Anti-Viren-Software realistisch zu erreichen.

7 Literaturverzeichnis

[1] Dan Ilett, 2004, Thousands of companies are paying off online extortionists, http://news.zdnet.co.uk/internet/security/0,39020375,39169461,00.htm

[2] Tom Fischer, 2004, Botnetze, http://cert.uni-stuttgart.de/doc/netsec/bots.php

[3] RUS-CERT, 2004, Flow-Speicherung, http://cert.uni-stuttgart.de/filter/flows.php

[4] RUS-CERT, 2004, Passive DNS Replication, http://cert.uni-stuttgart.de/stats/dns-replication.php

[5] Rob Thomas, 2003, They're just a bunch of script kiddies, http://www.cert.pl/PDF/secure2003/thomas1.pdf

---

[7] z.b. mittels eines Paketfilters, Installation der notwendigen Sicherheitsupdates ohne Netzwerk oder durch Integration der notwendigen Sicherheitsupdates in das Windows Preinstallation Environment (siehe z.b. http://cert.uni-stuttgart.de/os/ms/ris-hotfixes.php).
[8] Bei DDoS-Angriffen, die z.b. eine Netzlast von 40Gbps erzeugen [5], nicht weiter verwunderlich. Es gibt derzeit wohl kaum einen Provider, der solch einen Angriff problemlos abwehren kann.

Eine virtuelle DMZ mit User Mode Linux

Tillmann Werner

BSI – CERT-Bund

Godesberger Allee 185-189

53175 Bonn

tillmann.werner@bsi.bund.de

Zusammenfassung

IT-Systeme und -Netze lassen sich mit komplexen Sicherheitsgateways, sogenannten demilitarisierten Zonen, wirkungsvoll gegen Attacken von außen abschirmen. Dieser Beitrag beschreibt den Aufbau einer virtuellen DMZ mit Komponenten auf der Basis von User Mode Linux (UML), einer virtuellen Maschine für die Simulation von Linux-Systemen, und einiger zusätzlicher Software. Damit können IT-Infrastrukturen kostengünstig und wirksam vor Angriffen geschützt werden. Ziel des Beitrags ist es, neben der Formulierung der Idee, über Erfahrungen mit einer Testimplementierung zu berichten und damit praktische Tipps und Anregungen für weitere Einsatzgebiete zu liefern.

1 Einleitung

Vernetzte Computersysteme werden mit Firewallsystemen vor Angriffen und unbefugter Nutzung geschützt. Während noch vor wenigen Jahren simple Paketfilter eingesetzt wurden, um Netze voneinander abzuschirmen, werden heute mehrschichtige Sicherheitsgateways betrieben, die eine feine Steuerung der Zugriffsberechtigungen sowie die Erkennung von sicherheitskritischen Vorfällen und Reaktion darauf erlauben. Ein solches Schutzsystem wird allgemein als *demilitarisierte Zone* (DMZ) bezeichnet.

1.1 Technische Begriffe

Um Missverständnisse beim Beschreiben einer komplexen Netzarchitektur wie der einer DMZ zu vermeiden, ist es wichtig, einigen Objekten konkrete Bezeichnungen zu geben. Zunächst werden nun einige Begriffe eingeführt und erläutert, die für das Verständnis des weiteren Textes notwendig sind.

Dieses Dokument geht, soweit nicht anders erwähnt, von einer DMZ aus, die ein zu schützendes Netz an ein anderes Netz anbindet. Die beiden Übergangspunkte werden als *externe Netzübergänge* bezeichnet. Einige Architekturen definieren auch innerhalb der DMZ weitere, unabhängige Netze, welche ebenfalls gekoppelt sind. Deren Übergänge werden *interne Netzübergänge* genannt.

Der Begriff *Firewall* kann einfache Paketfilter wie auch komplexe Sicherheitslösungen bezeichnen. Zur deutlichen Unterscheidung verschiedener Filtertechniken versteht dieser Beitrag eine Firewall als Paketfilter mit eventuellen zusätzlichen Funktionen, zum Beispiel Stateful Inspection. Die unten vorgestellte Testimplementierung verwendet netfilter/iptables[1] als Firewall.

In der Regel besitzt ein Sicherheitssystem wie das oben beschriebene eine symmetrische Struktur. Ausgehend von der Mitte eines DMZ-Strangs werden die Komponenten auf der Seite des zu schützenden Netzes als *innere* Systeme, die auf der gegenüberliegenden Seite als *äußere* Systeme bezeichnet. Eine DMZ besitzt zum Beispiel in der Regel eine *innere* und eine *äußere* Firewall.

1.2 Motivation und Einsatzgebiete

Eine effiziente DMZ erfordert in der Regel viele Hardwareressourcen. Zudem ist der Betrieb mit hohem administrativen Aufwand verbunden. Deshalb wird ein Sicherheitssystem wie eine DMZ oft nur am Übergang zum Internet eingesetzt. Die Absicherung interner, autarker Netzbereiche beschränkt sich oft auf den Betrieb eines Paketfilters. Eine virtuelle DMZ kann auf einem einzelnen Hostsystem betrieben und von diesem aus zentral administriert werden. Der Einsatz von frei verfügbaren Open-Source-Komponenten ermöglicht eine kostengünstige Installation. Gerade wenn das vorhandene Budget nicht ausreicht, um eine DMZ mit der nötigen Hardware aufzubauen, kann durch eine teilweise oder vollständige Virtualisierung der finanziellen Aufwand reduziert werden.

Der Einsatz einer virtuellen DMZ empfiehlt sich zuerst für den Schutz von kleinen Netzen oder Einzelsystemen, an die besondere Sicherheitsanforderungen gestellt werden. Durch die Virtualisierung kommen zwar Performanceeinbußen zustande, so dass die Leistung nicht mit der einer herkömmlichen DMZ verglichen werden kann. Bei vielen schützenswerten Infrastrukturen ist eine breitbandige Anbindung jedoch nicht erforderlich und die Leistung einer virtuellen DMZ ist vollkommen ausreichend.

1.3 Sicherheitszonen

Soll eine IT-Infrastruktur mit Fokus auf Sicherheit konfiguriert werden, so ist die Einführung von Sicherheitszonen zu empfehlen. Dabei werden Ressourcen anhand bestimmter, sicherheitsrelevanter Eigenschaften in Zonen gruppiert. Die Zonen schirmen Ressourcen mit unterschiedlichen Eigenschaften von einander ab. Über klar definierte Schnittstellen wird dann der Zugriff einer Ressource auf ein Mitglied einer anderen Zone geregelt. Gelänge es dann einem

---

[1] Siehe http://www.netfilter.org

Angreifer, in eine der Sicherheitszonen einzudringen, so hätte er lediglich die Kontrolle über die darin enthaltenen Ressourcen.

Ein Sicherheitszonenmodell lässt sich an mehreren Stellen innerhalb einer IT-Infrastruktur umsetzen. Beispiele sind die Planung von Netzen, Betriebssysteme mit unterschiedlichen Betriebsmodi, Rechtemodelle für Systembenutzer und Komponententrennung bei der Softwareentwicklung.

Je mehr Ressourcen bei einem erfolgreichen Angriff gegen eine Zone betroffen sind, desto größer ist der potentielle Schaden. Ein oft angeführtes Beispiel ist die Übernahme eines DNS-Servers durch einen Angreifer. Der Server verwaltet die DNS-Namen für ganze Netze, fasst also sehr viele Ressourcen in einer abgeschlossenen Zone zusammen. Entsprechend verheerend kann die Auswirkung einer erfolgreichen Attacke sein.

1.4 DMZ – Demilitarisierte Zonen

Auf Netzebene findet eine Ressourcentrennung in erster Linie durch die Schaffung seperater Netze statt, die durch Koppelelemente auf verschiedenen Protokollebenen mit einander verbunden sind. Diese Koppelelemente erledigen primär die Vermittlung von Daten zwischen den verbundenen Netzen und haben oft nur rudimentäre Sicherheitsfunktionen. Offensichtlich können die für Sicherheitszonen geforderten, klar definierten Schnittstellen nur durch Schutzmechanismen an den Zonenübergängen erreicht werden. Auf Netzebene wird mit sogenannten demilitarisierten Zonen[2] (DMZ) versucht, Sicherheitszonen zu schaffen.

Im allgemeinen versteht man unter einer DMZ ein dediziertes Sicherheitsnetz, welches ein zu schützendes Netz mit einem anderen – zum Beispiel dem Internet – verbindet. An den beiden Netzübergängen der DMZ befinden sich Firewalls, die zumindest Paketfilter-Funktionalität besitzen. Alle Daten einer Verbindung mit einem System im zu schützenden Netz müssen beide Firewalls passieren. Je nach Schutzbedarf und technischen Anforderungen kann eine solche Architektur um weitere Komponenten mit konkreten Aufgaben ergänzt werden.

Statt primitiver Paketfilter werden in einer DMZ meist Stateful Firewalls eingesetzt, welche bei der Filterung von legitimem Netzverkehr unter anderem den Status von Verbindungen berücksichtigen. Ein solches Basissysten wird meist mit Proxies, Application Layer Gateways oder Intrusion Detection Systemen kombiniert. Diese ergänzen die DMZ um Filtermöglichkeiten auf Anwendungsebene oder erlauben das Erkennen von Angriffen. Grundkenntnisse über die Arbeitsweise dieser Komponenten werden im folgenden vorausgesetzt. Eine sehr gute Beschreibung der Funktionen und Einsatzmöglichkeiten dieser Systeme liefert [Nor03].

1.5 Virtuelle Maschinen

Mit virtuellen Maschinen (VM) können Computersysteme teilweise oder vollständig simuliert werden. Je nach Einsatzgebiet wird dabei der Schwerpunkt auf unterschiedliche Kriterien gelegt. So gibt es virtuelle Maschinen, welche auf simulierter Hardware die Installation

---

[2]in Anlehung an die geografische Zone, die Nord- und Südkorea von einander trennt

unterschiedlicher Betriebssysteme ermöglichen. Einfachere VM simulieren lediglich das Betriebssystem und stellen damit beispielsweise eine multitasking-fähige Plattform bereit. Eine dritte Art beschränkt sich auf die Simulation einer Umgebung, in der eine einzelne Anwendung ausgeführt werden kann.

Virtuelle Maschinen sind ideal für den Einsatz in Sicherheitsgateways geeignet. Sie ermöglichen den unabhängigen Betrieb einzelner Systeme, welche unterschiedliche Aufgaben erfüllen können. Dabei können sich mehrere VM eine Hardwareplattform teilen. Virtuelle Maschinen können zur Schaffung von Sicherheitszonen eingesetzt werden und bieten sich damit für den Einsatz in DMZ-Lösungen an. Die Virtualisierung erlaubt das Bilden vieler unterschiedliche Zonen und ermöglicht so die Planung einer sicheren Architektur.

1.5.1   User Mode Linux

User Mode Linux (UML, siehe [UML]) ist eine virtuelle Maschine, die ein vollständiges Linux-Betriebssystem simuliert. UML wurde ursprünglich als Testumgebung für Entwicklungsprojekte realisiert. Die VM besteht aus einem modifizierten Linux-Kernel, der als Prozess im Userspace auf einem Host-Linuxsystem abläuft. Programme können wie auf einem herkömmlichen Linux-System auf dem Gastsystem (dem UML-Kernel) ablaufen. Das Dateisystem, welches Daten und Programme in der virtuellen Maschine zur Verfügung stellt, kann beliebig konfiguriert werden. So kann gleichermaßen eine komplette Desktopumgebung mit grafischer Oberfläche wie ein minimalistisches Paketfiltersystem mit einem UML-Kernel gestartet werden.

2   Architektur einer virtuellen DMZ

Im folgenden wird eine Architektur vorgestellt, die mehrere virtuelle Maschinen auf einer gemeinsamen Plattform, dem sogenannten *Hostsystem*, zu einer DMZ kombiniert. Bei der Realisierung der virtuellen DMZ wird besonderer Wert auf folgende Eigenschaften gelegt:

Flexible Integration: Die virtuelle DMZ soll sich ohne großen Aufwand in bestehende Netzarchitekturen integrieren lassen. Insbesondere sollen nur minimale Änderungen an Koppelelementen wie Routern nötig sein. Je nach Funktionsumfang der DMZ müssen auf den zu schützenden Systemen bestimmte Konfigurationen vorgenommen werden. Soll zum Beispiel ein Webproxy eingesetzt werden, so muss auf den Systemen oder in den Webbrowsern ein entsprechender Eintrag vorgenommen werden.

Sicherheit des Hostsystems: Das Hostsystem soll lediglich die virtuellen Systeme bereitstellen und deren Integration in ein bestehendes Netz ermöglichen. Da die Verfügbarkeit und vor allem die Sicherheit der DMZ-Architektur direkt vom Hostsystem abhängen, sollte dieses entsprechend gehärtet sein. Idealerweise würde die Administration per lokaler Anmeldung am System erfolgen. Dies ist in vielen Fällen aber nicht praktikabel. Dann sollte ein dedizierter Netzanschluss für die Remote-Administration per SSH verfügbar sein.

Hardware: Lediglich für das Hostsystem wird eine Hardware-Plattform benötigt. Diese muss je nach geforderter Netzbandbreite bemessen werden. Tests haben gezeigt, dass ein Standard-PC, beispielsweise eine Pentium-III-Maschine mit 256 Megabytes RAM, für den Betrieb einer herkömmlichen DMZ-Architektur ausreichend ist. Das Computersystem für die virtuelle DMZ sollte mit je einer Netzwerkkarte pro Netzübergang ausgestattet sein. So wird bereits auf niedriger Ebene, nämlich im Hostsystem, eine physikalische Trennung der Netze erreicht. Besitzt das System nur eine Netzwerkkarte, so können dieser mehrere Netzadressen zugeordnet werden. Ein Switch oder ein anderes entsprechendes Koppelelement unmittelbar vor der DMZ kann dann den Netzverkehr auf die angeschlossenen Netze verteilen.

2.1 Testkonfiguration

Dieses Dokument beschreibt den Aufbau einer virtuellen DMZ beispielhaft anhand der Architektur aus Abbildung 1, die später noch um zusätzliche Systeme erweitert wird. Die Funktionsweise sowie die Konfiguration der einzelnen Komponenten wird später ausführlich erläutert.

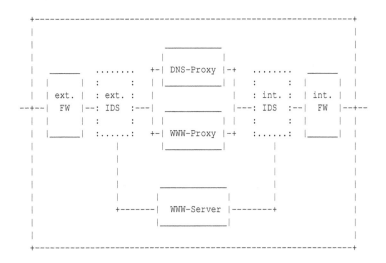

Abbildung 1: Beispielarchitektur einer virtuellen DMZ

Die dargestellte DMZ wird durch zwei *Stateful Firewalls* von den Netzen abgeschirmt, die sie mit einander verbindet. Diese Firewalls arbeiten als Paketfilter mit Stateful Inspection und als Router zur Vermittlung von Paketen im Netzwerk. Jede Firewall hat eine interne Schnittstelle, die an die DMZ angeschlossen ist, und eine externe Schnittstelle, über welche sie ein anderes Netz erreicht.

An die internen Schnittstellen der Firewalls ist jeweils ein *Intrusion Detection System* angeschlossen. Die IDS arbeiten im Bridged Mode und sind damit auf IP-Ebene nicht sichtbar. Sie unterstützen sowohl signaturbasierte als auch heuristische Verfahren zur Angriffserkennung.

Zwischen den IDS befinden sich mehrere *Proxy-Systeme*, welche Verbindungen zwischen Systemen aus den äußeren Netzen vermitteln. Dabei wird die initiale Verbindung mit dem Proxy-Server selbst aufgebaut. Dieser verbindet sich seinerseits mit dem Zielsystem und kann dann Daten von einer Verbindung an die andere weiterreichen. Die Vermittlerrolle erlaubt dem Proxy-Server eine genaue Analyse der Daten und eine Filterung sicherheitskritischer Inhalte. Hier ist zu bemerken, dass es nicht der gängigen Praxis entspricht, DNS-Proxies – wie in Abbildung 1 – innerhalb einer DMZ zu betreiben. Da eine virtuelle DMZ jedoch oft ein Netz abschirmt, welches zuvor die Dienste eines bereits vorhandenen DNS-Servers genutzt hat, wird zunächst der Einfachheit halber ein einfacher Proxy zur Durchreichung von DNS-Anfragen eingesetzt. In der Realität werden Namensauflösungen für externe und interne Systeme getrennt behandelt. Das erfordert zusätzlich den Betrieb eines internen DNS-Servers, der die Daten für Systeme im geschützten Netz vorhält und keine Anfragen von außen zulässt. Bei kleinen Netzen kann die Namensauflösung im internen Netz – wie in der Testumgebung – über die Pflege von hosts-Dateien auf den Systemen erreicht werden.

Zwischen den IDS können aber auch andere, besonders schützenswerte Systeme platziert werden, die einen Dienst zur Nutzung im externen Netz anbieten. Dies bedeutet nicht zwangsläufig, dass Verbindungen aus dem internen Netz zu einem solchen System verboten sind. In der Regel muss zumindest die Möglichkeit der Administration über das Netz gegeben sein. In der oben dargestellten Architektur kann ein Webserver sowohl von außen als auch aus dem internen Netz erreicht werden.

Eine Sonderrolle spielen Server, die einen Dienst nur innerhalb der DMZ anbieten. Sie dürfen nicht aus dem externen Netz erreichbar sein, sollten aber bestimmte Verbindungen aus dem internen Netz zulassen, beispielsweise zur Administration. Häufig werden zentrale Loghosts eingesetzt, auf dem bestimmte, in der DMZ anfallende Logdaten gesammelt werden. Zur Auswertung dieser Daten ist eine Administrationsverbindung aus dem internen Netz erlaubt.

3 Das Hostsystem

Damit auf einem Linux-System UML-Instanzen gestartet werden können, bedarf es spezieller Anpassungen. Für den Einsatz als DMZ müssen einige weitere Einstellungen vorgenommen werden. In diesem Abschnitt wird die Konfiguration des Hostsystems für die DMZ-Architektur beschrieben. Dabei steht die Sicherheit der Plattform im Vordergrund.

3.1 Basiskonfiguration

Das Hostsystem ist als zentrale Plattform für die virtuelle DMZ besonders schützenswert und muss speziell gehärtet werden. Am einfachsten lässt sich ein simpel gehaltenes System absichern. Um die Komplexität gering zu halten, sollte bereits bei der Installation ein minimalistischer Ansatz verfolgt werden. Das System sollte nur Programme bereitstellen, die für den Betrieb der Hostsystemplattform benötigt werden. Dieser Beitrag kann keine umfassende Anleitung zum Systemhärten liefern. Im Internet finden sich mehrere Checklisten, welche die wichtigsten Punkte beim Absichern von Systemen beinhalten[3]. Die Konfiguration des Kernels hat aber einen besonderen Stellenwert und soll daher nun kurz beschrieben werden.

Für den Start eines UML-Kernels als Prozess im Userspace müssen nicht notwendigerweise Anpassungen am Hostsystem vorgenommen werden. Ist es allerdings die primäre Aufgabe des Systems, eine Plattform für UML-Instanzen bereitzustellen, so kann mit etwas Tuning eine bessere Performance und striktere Trennung der virtuellen Maschinen voneinander erreicht werden. Ein UML-Kernel kann in zwei Modi betrieben werden, die unterschiedliche Anforderungen an das Hostsystem stellen und im folgenden kurz vorgestellt und hinsichtlich ihrer Eignung für die DMZ-Idee beurteilt werden.

Tracing Threads: Ohne Modifikation des Hostsystems kann UML nur im TT-Mode (Tracing Thread) laufen. Dabei wird jeder Prozess in der virtuellen Maschine durch einen Prozess auf dem Hostsystem realisiert. Der UML-Kernel besteht aus mehreren, parallel ablaufenden Threads. Einer dieser Threads, der Tracing Thread, übernimmt das System Call Tracing und sorgt für den Eintritt eines Prozesses auf der virtuellen Maschine in den UML-Kernel. Der TT-Mode hat zwei entscheidende Nachteile: Erstens steht Kernel-Adressraum steht jedem UML-Prozess mit Schreib- und Leserechten zur Verfügung. Ein Prozess kann Informationen aus dem Kernel auslesen, ihn beliebig modifizieren und damit die Kontrolle über das virtuelle System erlangen. Dies widerspricht in hohem Maße dem Konzept der Ressourcenteilung. Das zweite Problem ist ebenfalls architekturbedingt. UML-Prozesse müssen Systemcalls an den Kernel über Signale auf dem Hostsystem realisieren. Die Auslieferung von Signalen findet aber asynchron statt und ist damit langsam. Dies wirkt sich merklich auf die Performance des virtuellen Systems aus. Zum einen wegen der schwachen Performance aber vor allem aber wegen den massiven Sicherheitsrisiken bei der Speicherverwaltung ist der TT-Mode für DMZ-Architekturen ungeeignet.

Separate Kernel Address Space: Der SKAS-Betriebsmodus (Separate Kernel Address Space) löst diese Probleme; allerdings muss für die Unterstützung dieses Modus der Kernel des Hostsystems gepatcht werden. Bei virtuellen Maschinen mit SKAS sind die Speicherbereiche von Kernel und Prozessen voneinander getrennt. Alle UML-Prozesse erhalten analog zu Prozessen auf realen Systemen jeweils einen eigenen Speicherbereich. Der UML-Kernel läuft in Form von vier parallelen Threads ab, von denen der erste im wesentlichen den Kernelcode ausführt sowie die Speicherverwaltung und System Calls verarbeitet. Ein zweiter Thread dient als Multiplexer für die UML-Prozesse. Die beiden übrigen Threads steuern den Zugriff auf Hardwareressourcen wie Dateisysteme. Mit der Anwendung des Sicherheitszonenmodells für Ressourcen auf UML-System- und Prozessebene genügt der Betrieb von virtuellen Maschinen im SKAS-Mode den Sicherheitsanforderungen der DMZ-Idee.

3.1.1 Patchen des Hostsystem-Kernels

SKAS-Patches für verschiedene Linux-Kernelversionen sind auf der Projektwebseite von User Mode Linux verfügbar. Existiert noch kein Patch für den aktuellsten stabilen Kernel, so kann

---

[3]Zum Beispiel http://www.linuxmagazine.com/2002-09/harden_list.htm

versucht werden, den letzten verfügbaren Patch anzuwenden. Häufig wurde im Vergleich zur vorherigen Version nur so wenig am betroffenen Code geändert, dass der aktuelle Patch einfach portiert werden kann. Der Befehl zum Einspielen des Patches im Hauptverzeichnis der Linux-Kernelquellen lautet:

```
vnet@host:$> patch -p1 <../host-skas3-2.6.9-v7.patch
```

3.1.2 Kompilieren des Hostsystem-Kernels

Nach dem Einspielen des Patches muss der Kernel für das Hostsystem neu übersetzt werden. Dieser Vorgang startet mit der ausführlichen Konfiguration der Kernelparameter. Der Betriebssystemkern muss lediglich die Plattform für die UML-Instanzen bereitstellen und kann daher minimalistisch konfiguriert werden. Eine Empfehlung für sämtliche Einstellungen hängt sicherlich vom individuellen Hardware-Setup ab und kann schon aus Gründen des Umfangs in diesem Beitrag nicht gegeben werden. Nachfolgend werden aber die wichtigsten Punkte aufgezählt, um zu einem sicheren, schlanken Kernel zu kommen.

- Mit der Option CONFIG_TUN wird die Unterstützung für TUN/TAP Device Driver aktiviert. TUN/TAP-Devices sind für die Ethernet-Anbindung der UML-Instanzen an das Hostsystem erforderlich.

- Das Hostsystem verbindet mehrere VM über virtuelle Ethernet-Bridges, deren Unterstützung mit der Option CONFIG_BRIDGE eingeschaltet werden muss.

- Die Unterstützung für ladbare Kernelmodule sollte man durch Abwählen der Option CONFIG_MODULES ausschalten. Ein monolithischer Kernel verhindert das unbefugte Nachladen von Modulen und bietet damit mehr Sicherheit.

- Das Hostsystem benötigt keine Unterstützung für Netzwerk- oder systemfremde Dateisysteme. Aus Sicherheitsgründen sollten diese aus der Kernelkonfiguration entfernt werden.

- Treiber für perifere Hardware werden in der Regel nicht benötigt und können gänzlich ausgelassen werden.

- Mit der Option CONFIG_SECURITY können zusätzliche Sicherheitsfeatures genutzt werden, wie beispielsweise die Erweiterungen der Zugriffsrechte von SELinux.

Nach dem Abschluss der Konfiguration wird ein Kernel der Version 2.6 einfach mit make übersetzt. Das Kernelimage kann danach mit strip vmlinuz durch Löschen der Programmcode-Symbole in der Größe reduziert und im Bootverzeichnis abgelegt werden. Zum Testen des neuen Kernels sollte ein Bootloader installiert sein, der im Fehlerfall das Starten des alten Kernels erlaubt. Nach dem Booten des neuen Kernels ist das Hostsystem grundsätzlich für den Betrieb einer virtuellen DMZ vorbereitet.

3.2   Netzanbindung des Hostsystems

Verfügt das Hostsystem über zwei Netzwerkschnittstellen, so kann ein Dual-Homed Host eingerichtet werden, bei dem über eine Schnittstelle das zu schützende Netz und über die andere weitere Netze erreichbar sind. Ist nur eine Netzwerkkarte verfügbar, so muss ein Switch vorgeschaltet werden, der die Anbindung an das zu schützende und weitere Netze übernimmt. Eine stärkere Trennung lässt sich aber mit einem Dual-Homed Host erreichen. Deshalb ist diese Architektur, wenn möglich, vorzuziehen.

```
root@host:#> ifconfig eth0 0.0.0.0
root@host:#> ifconfig eth0
eth0      Link encap:Ethernet  HWaddr FE:FD:00:00:00:00
          UP BROADCAST RUNNING MULTICAST  MTU:1500  Metric:1
          RX packets:5273 errors:0 dropped:0 overruns:0 frame:0
          TX packets:1559 errors:0 dropped:0 overruns:0 carrier:0
          collisions:0 txqueuelen:1000
          RX bytes:6992290 (6.6 Mb)  TX bytes:144502 (141.1 Kb)
          Interrupt:5
```

Abbildung 2: Netzdevice ohne IP-Adresse

Abgesehen von Fällen, in denen die DMZ aus dem geschützten Netz fernadministriert wird, ist keine direkte Netzkommunikation mit dem Hostsystem erforderlich. Jeglicher Netzverkehr, der die DMZ erreicht, muss an eine der virtuellen Komponenten weitergereicht werden. Die Netzwerkschnittstellen des Hostsystems können also so konfiguriert werden, dass sie nicht von außen adressiert werden können. Dazu reicht es aus, keine IP-Adresse an die Netzdevices des Betriebssystems zu binden. Das Hostsystem kann dann nicht auf IP-Ebene kommunizieren. Ethernetpakete an das Hostsystem dürfen natürlich nicht etwa blockiert werden, da sonst keinerlei Datenfluss zur DMZ mehr möglich wäre. Abbildung 2 zeigt das Hochfahren und die Konfiguration des Netzdevices eth0.

Damit Daten von Netzverbindungen an Systeme der DMZ weitergereicht werden können, muss das Hostsystem als Ethernet-Bridge arbeiten. Auf IP-Ebene ist eine solche Bridge vollkommen transparent. Der Linux-Kernel unterstützt Ethernet-Bridging, wenn er mit der Option CONFIG_BRIDGE kompiliert wurde. Zum Anlegen und Konfigurieren von Bridge-Intefaces wird das Tool brctl benötigt[4]. Einer Bridge werden physikalische oder virtuelle Netzschnittstellen des Hostsystems zugeordnet. Damit die DMZ aus bestehenden Netzen (also dem Hostsystem) erreichbar ist, muss das externe Interface einer Firewall der DMZ über eine Bridge mit einem physikalischen Interface des Hostsystems verbunden werden. Abbildung 4 zeigt die Einrichtung eines TUN/TAP-Devices als virtuelle Ethernet-Schnittstelle und dessen Verbindung mit einem physikalischen Device des Hostsystems über eine Bridge.

---

[4]Siehe *http://prdownloads.sourceforge.net/bridge*

```
root@host:#> tunctl -u vnet -t vm0
Set 'vm0' persistent and owned by uid 500
root@host:#> ifconfig vm0 0.0.0.0 up
root@host:#> brctl addbr vbridge0
root@host:#> brctl addif vbridge0 eth0
eth0: Setting promiscuous mode.
root@host:#> brctl addif vbridge0 vm0
root@host:#> ifconfig vbridge0 0.0.0.0 up
root@host:#> brctl show
bridge name     bridge id              STP enabled    interfaces
vbridge0        8000.00047647e340      no             eth0
                                                      vm0
```

Abbildung 3: Ethernet-Bridge mit virtuellem und physikalischem Device

4   Die virtuellen Maschinen

UML zeichnet sich bereits ohne zusätzliche Konfiguration oder Änderungen am System durch einige Merkmale aus, die es für den Einsatz in Sicherheitslösungen interessant machen. Durch individuelles Tuning kann die Sicherheit des Gesamtsystems aber noch weiter erhöht werden. In diesem Abschnitt werden Ideen für einen möglichst sicheren Betrieb von UML formuliert.

4.1   Rechte des UML-Kernels auf dem Hostsystem

Der Kernel-Prozess läuft im Userspace des Hostsystems. Gelänge es einem Angreifer, trotz aller Sicherheitsvorkehrungen aus der virtuellen Maschine auszubrechen, so hätte er auf dem Hostsystem lediglich Benutzerrechte. Es empfiehlt sich, für jede UML-Instanz einen eigenen Benutzer einzurichten, so dass bei einem Ausbruch eine Kompromittierung der anderen virtuellen Maschinen nicht ohne weiteres möglich ist.

Die Datei, die ein UML-Kernel-Image enthält, muss nicht beschreibbar sein und kann sogar von einem Read-Only-Medium geladen werden, zum Beispiel von einer CD-Rom. Manipulationen der UML-Kernel sind so weitgehend ausgeschlossen.

4.2   Übersetzen des UML-Kernels

Seit der Version 2.6.7 ist UML als eigene Hardwarearchitektur fest in den offiziellen Linux-Kernel integriert. Grundsätzlich gilt bei der Konfiguration des UML-Kernels, dass wie beim Hostsystem ein schlanker, monolithischer Kernel die größte Sicherheit bietet. Nicht benötigte Funktionen sollten deshalb bei der Kernelkofiguration ausgeschaltet werden. Damit der Linux-Kernel für die UML-Architektur konfiguriert werden kann, muss beim Starten des Konfigurationsprogramms der Parameter ARCH=um angegeben werden, wie zum Beispiel in make menuconfig ARCH=um. Die wichtigsten Einstellungen sind:

- Die Untersützung für das Laden von Kernelmodulen zur Laufzeit sollte deaktiviert werden, indem die Option CONFIG_MODULES im Konfigurationsprogramm abgewählt wird. Alle benötigten Funktionen werden fest in den Kernel einkompiliert. Bestimmte Angriffstechniken, wie die Installation von Rootkits in Form von Kernelmodulen, werden so per se unterbunden.

- Mit der Option CONFIG_MODE_SKAS wird UML angewiesen, im SKAS-Mode zu starten, sofern dieser vom Hostsystem unterstützt wird. Als Rückfalllösung sollte immer auch die Option CONFIG_MODE_TT für den TT-Mode ausgewählt sein.

- Die Option CONFIG_HOSTFS erlaubt es einem UML-System, Verzeichnisse des Hostdateisystems einzubinden. Für das in der DMZ-Architektur angestrebte Sicherheitszonenmodell stellt diese Funktion ein Sicherheitsrisiko dar und sollte abgewählt werden.

- Ist die Option CONFIG_MCONSOLE ausgewählt, so können über eine Managementkonsole auf dem Hostsystem elementare Steuerbefehle an den UML-Kernel abgesetzt werden. Über die Konsole sind zum Beispiel das Anhalten, Herunterfahren oder sofortige Beenden der virtuellen Maschine möglich. Die Administration kann dadurch wesentlich vereinfacht werden, da beispielsweise eine Anmeldung am UML-System für einen Neustart nicht erforderlich ist.

- Damit der UML-Kernel über TUN/TAP-Devices Netzpakete mit dem Hostsystem austauschen kann, muss die Option CONFIG_UML_NET_TUNTAP angewählt sein. Jede der DMZ-Komponenten benötigt diese Funktion.

- Durch Ausschalten der Unterstützung verschiedener Hardware wie Sound- oder Videokarten oder SCSI-Devices sowie der Funktionen für den Zugriff auf exotische oder Netz-Dateisysteme kann der UML-Kernel in seiner Größe beträchtlich reduziert werden. Mit einigen Versuchen sollte sich die Kernelkonfiguration auf das tatsächlich benötigte Basissetup bringen lassen. Je nach spezieller Funktion einer DMZ-Komponente können wieder einige Funktionen für dieses System aktiviert werden.

Nach der Konfiguration wird der UML-Kernel mit dem folgenden Befehl übersetzt und dann um Debugginginformationen und Symbole bereinigt:

```
vnet@host:$> make ARCH=um && strip vmlinux
```

Das Kernelimage kann für unterschiedliche DMZ-Systeme verwendet werden. In der Testimplementierung laufen die Firewalls und fast alle Proxysysteme sowie der Web- und der Loggingserver mit dem gleichen Kernelimage. (Die Dateisysteme unterscheiden sich natürlich.)

4.3 Der IDS-Kernel

Für die beiden Angriffserkennungssysteme ist es notwendig, dass bei der Kernelkonfiguration zusätzlich die Option CONFIG_BRIDGE angewählt wird. Die IDS können dann als Ethernet Bridge Datenpakete analysieren und weiterleiten. Auf Internet-Protocol-Ebene sind sie völlig transparent und können besonders von Systemen außerhalb der DMZ nicht bemerkt werden.

Wie auf dem Hostsystem wird auch auf den IDS zur Konfiguration der Ethernet Bridges das Tool `brctl` benötigt.

Zusammen mit iptables-Unterstützung können Datenpakete auch blockiert, zurückgewiesen oder manipuliert werden. Diese Möglichkeiten sind für eine automatische Reaktion auf festgestellte Angriffe (Intrusion Prevention) interessant. Der Phantasie sind dabei keine Grenzen gesetzt: zusammen mit einem UML-Honeypot ließe sich zum Beispiel ein „Bait'n'Switch"-Modell[5] realisieren.

4.4 Dateisysteme

Ein UML-Kernel benötigt für den Systemstart ein Dateisystem, von dem er Konfigurationen für Ein- und Ausgabegeräte sowie Nutzdaten und Programme lädt. Dazu wird auf dem Host ein Dateisystem Host in einer Datei angelegt und diese beim Start der virtuellen Maschine als Root-Filesystem eingebunden. Zunächst wird eine Datei mit der gewünschten Größe und dann darin die Struktur für das Dateisystem erzeugt.

Nach dem Mounten über ein Loop-Device kann die Verzeichnisstruktur zum Beispiel von einer Partition des Hostsystems in das neue Dateisystem kopiert werden. Abbildung 4 zeigt Anlegen, Formatieren und Mounten eines Ext2-Dateisystems.

Wie bei realen Systemen können auch in UML mehrere Dateisysteme unterhalb des Wurzelverzeichnisses eingehängt werden. Swap-Bereiche werden analog als Dateien auf dem Host erstellt und dann eingebunden. Aus Sicherheitsgründen kann es sinnvoll sein, statische Daten in einer Datei vorzuhalten, die auf dem Hostsystem nur lesbar ist, und ein eigenes Dateisystem mit variablen Daten zu verwenden.

4.5 Start einer virtuellen Maschine

Fast alle Systeme in der DMZ besitzen zwei Netzschnittstellen und sind als Dual-Homed-Hosts in Netze integriert. Damit Netzverkehr an die VM weitergeleitet werden kann, müssen dafür Endpunkte in Form von TUN/TAP-Interfaces auf dem Host eingerichtet werden. Beim Start von UML wird dem Kernel mitgeteilt, welcher Endpunkt für eine Netzschnittstelle bereitsteht.

Die virtuelle Maschine muss nun den eigenen Netzschnittstellen IP-Adressen zuordnen, um mit dem Hostsystem oder anderen Systemen über das Internet Protocol zu kommunizieren. Daten, die der UML-Kernel auf eine Netzschnittstelle schreibt, können von dem zugeordneten TUN/TAP-Device des Hostsystems gelesen werden. Der Host-Kernel kann diese verarbeiten, ist aber noch nicht in der Lage, seinerseits Daten an die virtuelle Maschine zu senden, da er nicht weiß, wie er deren IP-Adresse erreichen kann. Zur Lösung gibt es mehrere Möglichkeiten, die in unterschiedlichen Fällen zum Einsatz kommen.

---

[5] Siehe http://violating.us/projects/baitnswitch

```
vnet@host:$> dd if=/dev/zero of=root_fs bs=1M count=512
512+0 Records in
512+0 Records out
vnet@host:$> /sbin/mke2fs root_fs
mke2fs 1.28 (31-Aug-2002)
root_fs is not a block special device.
Proceed anyway? (y,n) y
Filesystem label=
OS type: Linux
Block size=1024 (log=0)
Fragment size=1024 (log=0)
131072 inodes, 524288 blocks
26214 blocks (5.00%) reserved for the super user
First data block=1
64 block groups
8192 blocks per group, 8192 fragments per group
2048 inodes per group
Superblock backups stored on blocks:
        8193, 24577, 40961, 57345, 73729, 204801, 221185, 401409

Writing inode tables: done
Writing superblocks and filesystem accounting information: done

This filesystem will be automatically checked every 25 mounts or
180 days, whichever comes first. Use tune2fs -c or -i to override.
vnet@host:$> mkdir rfs && mount -o loop root_fs rfs
vnet@host:$>
```

Abbildung 4: Anlegen eines Dateisystems

4.5.1 Installation einer Hostroute

Soll die virtuelle Maschine über das TUN/TAP-Interface nur mit dem Hostsystem kommunizieren, so reicht es aus, eine Route zu installieren, welche dem Host mitteilt, über welche Schnittstelle er die IP-Adresse der VM erreicht. Der Befehl dazu könnte folgendermaßen aussehen:

```
root@host:#> route add -host 192.168.1.10 dev efw0
```

Andere Systeme können mit dieser Konfiguration aber nicht erreicht werden. Für die Firewall-Gateways der DMZ ist diese Variante daher unbrauchbar.

4.5.2 Bridging auf dem Hostsystem

Wird eine Bridge auf dem Hostsystem eingerichtet, an die das TUN/TAP-Interface und eine physikalische Schnittstelle angeschlossen werden, so ist die VM zumindest auf Ethernet-Ebene mit einem äußeren Netz verbunden. Die Konfiguration der Bridge geschieht mit

```
root@host:#> tunctl -u vnet -t efw0 && ifconfig efw0 0.0.0.0 up
Set 'efw0' persistent and owned by uid 500
root@host:#> tunctl -u vnet -t efw1 && ifconfig efw1 0.0.0.0 up
Set 'efw1' persistent and owned by uid 500
vnet@host:$>
vnet@host:$> ./uml umid=efw jail mem=16M ubd0=/vm/efw/root_fs \
   ubd1=/vm/efw/swap_fs eth0=tuntap,efw0 eth1=tuntap,efw1

Checking for the skas3 patch in the host...found
Checking for /proc/mm...found
Linux version 2.6.9 (vnet@host) (gcc-Version 3.4.2 20041017
   (UML-2.6.9)) #3 Fri Dec 17 10:55:14 CET 2004
Built 1 zonelists
Kernel command line: umid=efw jail mem=16M
   ubd0=/vm/efw/root_fs ubd1=/vm/efw/swap_fs
   eth0=tuntap,efw0 eth1=tuntap,efw1 root=98:0
...
Netdevice 0 : TUN/TAP backend -
Netdevice 1 : TUN/TAP backend -
...
Debian GNU/Linux 3.0 efw tty0

efw login:
```

Abbildung 5: Start einer VM mit Verbindung zu zwei TUN/TAP-Devices

```
root@host:#> brctl addbr bridge0
root@host:#> brctl addif bridge0 tap0
root@host:#> brctl addif bridge0 eth0
```

Damit Systeme in diesem Netz auch über das Internet Protocol angesprochen werden können, müssen auf dem Hostsystem entsprechende Routen eingerichtet werden. Die genaue Konfiguration hängt dabei davon ab, zu welchem IP-Netz die VM gehört und ob sich dieses von dem äußeren Netz unterscheidet. Wichtig ist zu bemerken, dass die physikalische Netzschnittstelle des Hostsystems, über die die VM ein anderes Netz erreicht, keine eigene IP-Adresse besitzen muss. Für die DMZ ist diese Konfiguration attraktiv, da der Host dann nicht über das Internet Protocol angesprochen werden kann.

4.5.3 Verbinden von virtuellen Maschinen

Sollen zwei oder mehrere UML-Instanzen über ein Netz kommunizieren können, so wird analog zu der eben beschriebenen Konfiguration eine Bridge auf dem Hostsystem eingerichtet, an welche die TUN/TAP-Devices der virtuellen Maschinen angeschlossen werden. Das Hostsystem selbst kann, muss aber nicht mit einem eigenen Interface an diesem Netzverbund teilnehmen. Beim Aufbau der DMZ sollte mit virtuellen Bridges nicht sparsam umgegangen werden. Unterschiedliche IP-Netze sollten – wo möglich – auch auf Ethernet-Ebene getrennt sein.

Damit wird dem Ausspähen von Informationen mit Hilfe eines Netzwerksniffers auf einem
der DMZ-Systeme vorgebeugt. Zwei virtuelle Maschinen werden folgendermaßen über eine
Bridge verbunden:

```
root@host:#> brctl addbr bridge1
root@host:#> brctl addif bridge1 tap1
root@host:#> brctl addif bridge1 tap2
```

5 Die Komponenten der DMZ

Dieser Abschnitt beschreibt nun Erfahrungen mit der Impelmentierung der Testumgebung und
liefert Tipps für die Praxis beim Aufbau einer virtuellen DMZ. Allerdings sind derart viele unterschiedliche Konzepte denkbar, dass keine allgemeingültige Empfehlung aus den folgenden
Beispielen abgeleitet werden kann. Eine DMZ muss immmer auf individuelle Anfoderungen
angepasst werden; erst recht, wenn sie nachträglich in eine bestehende Architektur integriert
wird.

Zunächst werden nun einige Vorbereitungen auf dem Hostsystem beschrieben, die eine Netz-
anbindung der virtuellen Maschinen ermöglichen Dann werden die Komponenten aus der Te-
stinstallation mit ihrer Konfiguration vorgestellt.

5.1 Das virtuelle Netz

Bevor die virtuellen Maschinen der DMZ gebootet werden können, muss das virtuelle Netz
für die Verbindung der einzelnen Komponenten auf dem Hostsystem eingerichtet sein. Die benötigten Bridges und TUN/TAP-Devices können per Skript angelegt und konfiguriert werden.
Auch andere Einstellungen, die das Netz betreffen, können von diesem Skript vorgenommen
werden, zum Beispiel das Setzen von Host- und Netzrouten und ARP-Cache-Einträgen oder
das Löschen von IP-Adressen auf physikalischen Devices.

Auf dem Hostsystem muss das Routing gänzlich deaktiviert werden, damit gewährleistet ist,
dass ein Paket von einem Netz in das andere den DMZ-Strang passieren muss. Es gibt keine
Notwendigkeit, Daten direkt wischen unterschiedlichen Netzen zu vermitteln. Diese Funktion
stellt sogar ein großes Sicherheitsrisiko dar, weil sie das Umgehen der DMZ möglich machen
kann. Der folgende Befehl schaltet das Routing auf dem Hostsystem ab:

```
root@host:#> echo 0 > /proc/sys/net/ipv4/ip_forward
```

Das Deaktivieren des Routings auf dem Hostsystem stehen nicht im Widerspruch zur benötigten Weiterleitung von Paketen an die DMZ-Firewalls. Diese sind Mitglieder der angeschlossenen IP-Netze und können direkt, das heißt ohne Routing, erreicht werden. Die oben angesprochenen Hostrouten teilen dem Kernel lediglich die jeweilige Netzschnittstelle mit.

Abbildung 6 zeigt die Bridges der Testimplementierung sowie die angeschlossenen virtuellen
Maschinen. Die äußeren Bridges sind mit jeweils einem physikalischen Interface des Hostsystems verbunden. Jede andere von einer Bridge ausgehenden Verbindung gehört zu einem

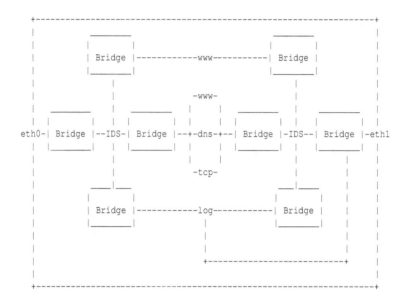

Abbildung 6: Platzierung von Bridges in der DMZ-Architektur

TUN/TAP-Device, welches einer Netzschnittstelle von einer virtuellen Maschine zugeordnet ist.

Es wurde bereits angesprochen, dass für die Kommunikation im virtuellen Netz nun einige Routen benötigt werden. Auf dem Hostsystem werden folgende Eintragungen in die Routing-tabelle vorgenommen:

- Für die Netze, die über die physikalischen Schnittstellen erreichbar sind, werden Netz-routen zu den jeweiligen Schnittstellen angelegt. Die von außen erreichbaren Adressen der DMZ-Firewalls stammen normalerweise aus diesen Netzen.

- Damit die Firewalls trotz der Netzrouten erreicht werden können, werden für deren IP-Adressen Hostrouten zu dem jeweiligen TUN/TAP-Devices angegeben.

- Eine Defaultroute gibt das Standardziel an, wenn keine andere Route für ein Paket exi-stiert. Der Standardgateway besitzt meist eine Adresse aus dem externen Netz. Oft ist das Hostsystem über diesen Gateway an das externe Netz angebunden. Wenn alle Syste-me aus dem externen Netz über den Standardgateway erreicht werden können, so kann die entsprechende Netzroute entfallen.

- In der DMZ kann es Systeme geben, die keine IP-Adressen besitzen und keinerlei Rou-tingeinträge benötigen. Für Intrusion Detection Systeme im Bridged Mode ist diese Kon-figuration oft sinnvoll, wenn sie keine zusätzlichen Verbindungen für Logging oder zur Administration benötigen.

• Proxyserver werden in der Regel direkt von Clientsystemen angesprochen. Innerhalb der DMZ befinden sie sich aber in einem eigenen IP-Netz. Für Verbindungen zu einem Proxy muss das Hostsystem entsprechende Host- oder Netzrouten mit der dazwischen-liegenden Firewall als Gateway kennen. In der Praxis werden mehrere Proxyserver in einer Sicherheitszone, also einem IP-Netz, zusammengefasst. Für diese Systeme genügt dann eine Netzroute auf dem Host.

• Wurden innerhalb der DMZ weitere IP-Netze definiert, die von außen ansprechbar sein sollen, so müssen für diese ebenfalls Netzrouten auf dem Hostsystem installiert werden. Dabei ist zu beachten, dass externe Systeme dann ebenfalls Routen zu diesen internen Netzen kennen müssen. In der Regel sind DMZ-interne Netze aber von außen nicht ansprechbar, abgesehen von den oben beschriebenen Proxy-Netzen.

Nun können die virtuellen Maschinen gestartet und konfiguriert werden. Damit sie Netzpakete nicht nur empfangen, sondern auch verschicken können, werden auch auf den VM entsprechende Routen benötigt. Die Konfiguration jeder einzelnen Komponente hängt von der jeweiligen Funktion ab und kann hier nicht allgemein beschrieben werden. Für verschiedene Komponenten werden die erforderlichen Tabelleneinträge aber später genauer erläutert.

Erfahrungsgemäß funktioniert das Routing in der DMZ nicht auf Anhieb. Das Netzanalyse-programm tcpdump[6] kann bei der Fehlersuche helfen. Damit kann sowohl der Netzverkehr sowohl auf physikalischen, TUN/TAP- und den Ethernet-Schnittstellen innerhalb einer VM analysiert werden. Von DMZ-Komponenten sollte das Programm nach Beheben des Fehlers aber wieder entfernt werden, um nicht Angreifern ein mächtiges Werkzeug frei Haus zu liefern.

Hilfreich bei der Netzkonfiguration ist ein virtuelles Clientsystem, welches über eine Bridge mit der äußeren Schnittstelle der internen Firewall verbunden wird und ein System im zu schützenden Netz simuliert. Von diesem System aus kann die DMZ-Konfiguration aus Sicht des internen Netzes getestet werden.

5.2 Firewalls

Die Firewall-Gateways an den Rändern der DMZ sind die wichtigsten Bausteine der Architektur. Sie entscheiden über Zulassen oder Ablehnen bestimmter Verbindungen und sorgen so dafür, dass die anderen DMZ-Systeme nicht schutzlos Angriffen von außen ausgeliefert sind. Auf den Firewall-Systemen muss dem Kernel mit dem Befehl

```
efw:/# echo 1 > /proc/sys/net/ipv4/ip_forward
```

mitgeteilt werden, dass er als Router Daten zwischen den angeschlossenen Netzen vermitteln soll. Die Firewall bietet keine Serverdienste an, sondern filtert lediglich passierende Pakete. Daher kann iptables wie in Abbildung 7 in der Basiskonfiguration alle Pakete verwerfen, die direkt an die Firewall gesandt oder von dieser verschickt werden sollen. Um dies zu erreichen, wird eine DROP-Policy für die Chains INPUT und OUTPUT definiert.

---

[6]Siehe http://www.tcpdump.org

```
efw:~# iptables -nL
Chain INPUT (policy DROP)
target     prot opt source              destination


Chain FORWARD (policy ACCEPT)
target     prot opt source              destination


Chain OUTPUT (policy DROP)
target     prot opt source              destination
```

Abbildung 7: DROP-Policy für die INPUT- und OUTPUT-Chain

Damit Systeme im externen Netz Komponenten innerhalb der DMZ oder dahinter kommunizieren können, müssen sie wissen, wie sie diese erreichen. In den meisten Fällen ist es aber nicht möglich, entsprechende Einträge in den Routingtabellen externer Gateways vorzunehmen. Wie kann nun dieses Problem gelöst werden? Da Netzpakete die externe Firewall der DMZ erreichen können, lässt sich das interne Netz und die Komponenten in der DMZ mit Source Network Address Translation[7] (SNAT) vor der Außenwelt verbergen. Bei jedem ausgehenden Paket ersetzt die Firewall die Quell-IP-Adresse durch die eigene. Alle Antworten erreichen so wieder die Firewall und können von ihr weitergereicht werden. SNAT wird folgendermaßen auf der externen Firewall aktiviert:

```
efw:/# iptables -t nat -A POSTROUTING -o eth0 -j SNAT --to 10.0.0.1
```

In obigem Befehl ist die Firewall von außen über die IP-Adresse 10.0.0.1 erreichbar. Diese wird in jedem ausgehenden Paket als Absender eingesetzt.

Der interne Firewall-Gateway wird analog konfiguriert, kommt aber meist ohne SNAT aus und verwendet natürlich auch andere Regeln. Die ausführliche Beschreibung der Konfiguration einer zweistufigen Firewall mit vollständigem Regelwerk würde den Rahmen dieses Beitrages bei weitem sprengen. Auf die Erläuterung der einzelnen Regeln wird deshalb bis auf einige Sonderfälle, die in den Abschnitten zu anderen DMZ-Komponenten aufgegriffen werden, verzichtet.

5.3   Intrusion Detection Systems

Die Arbeitsweise der Angriffserkennungs-Systeme in der DMZ wurde bereits kurz geschildert. Jedes IDS besitzt zwei Netzschnittstellen, die über eine Bridge mit einander verbunden sind. Die beiden Interfaces haben keine IP-Adressen und kopieren eingehende Pakete lediglich auf der anderen Seite.

5.4   Proxies

Ein Proxy ermöglicht die Analyse von Netzdaten auf Anwendungsebene und wird deshalb oft zum Filtern bestimmter Inhalte eingesetzt. Er erreicht dies, indem er Verbindungswünsche, die

---

[7] Siehe http://www.netfilter.org/documentation/HOWTO/NAT-HOWTO.html

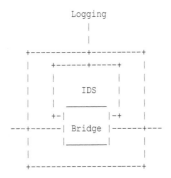

Abbildung 8: Ein Intrusion Detection System im Bridged Mode

ein Client an einen Server stellt, selbst entgegennimmt und dann seinerseits eine Verbindung mit dem Server aufbaut. Daten können dann vom Proxy von der einen Verbindung an die andere weitergegeben werden. Proxies werden auch oft zum Maskieren von Clients eingesetzt. Aus Sicht des Servers werden Verbindungen immer mit dem selben Kommunikationspartner aufgebaut. Eine einführende Beschreibung der Arbeitsweise liefert [HPW] am Beispiel von HTTP-Proxies.

In einer DMZ kann mit Proxies zusätzliche Sicherheit erreicht werden, indem sich ein Netz auch auf Anwendungsebene abschirmen lässt. So ist es mit einem HTTP-Proxy möglich, gefährliche aktive Inhalte wie Skriptcode, Java-Programme oder ActiveX-Steuerelemente aus HTTP-Verbindungen zu filtern. Ebenso kann der Zugriff auf bestimmte Seiten unterbunden werden, wenn ein Suchmuster im HTML-Code erkannt wird.

Ein Proxy versteht meist nur eine begrenzte Anzahl von Protokollen, oft nur ein einziges. Im Unterschied zu den Firewall-Gateways findet auf Proxies kein Routing statt. Ein Umgehen des Proxies ist damit nicht möglich; Daten aus dem externen Netz, die mit einem bestimmten Protokoll codiert sind, können nur in das interne Netz gelangen, wenn ein entsprechender Proxy vorhanden ist.

Findet das Modell der Sicherheistzonen bei der Implementierung von Proxies Anwendung, werden idealerweisefür unterschiedliche Protokolle auch verschiedene Proxysysteme eingesetzt. Oft werden diese Systeme dann aber in einem DMZ-internen Netz zusammengefasst.

5.4.1 Squid

Der Standard-HTTP-Proxy im Unix-Umfeld ist Squid[8]. Der Zugriff auf Webseiten kann von Squid mit ACLs gesteuert werden. Zudem existieren etliche Module von Drittanbietern, die Squid um weitere Filtermöglichkeiten wie das Blocken von Cookies und JavaScript erweitern. Auch eine Benutzerauthentifizierung für die Freigabe von HTTP-Verbindungen kann mit Squid realisiert werden.

---

[8] Siehe http://www.squid-cache.org

In der Test-DMZ wird Squid ohne Erweiterungen exemplarisch als HTTP-Proxy eingesetzt. Nachteilig ist, dass Client-Systeme angewiesen werden müssen, den Proxy zu verwenden. Fast alle Browser unterstützen Proxies, aber bei nicht-proxyfähigen Anwendungen kann der Einsatz von Squid zu Problemen führen.

Eine Alternative ist der Betrieb eines transparenten Proxies, der einem Client-System nicht angegeben werden muss. Eine Firewall übernimmt dann das Umleiten von HTTP-Verbindungen an den Proxy. Dabei muss statt der ursprünglichen Server-Adresse die des Proxies eingesetzt werden. Das kann analog zu SNAT mit Destination Network Address Translation (DNAT) erreicht werden, indem die folgende Filterregel auf dem internen Firewall-Gateway installiert wird:

```
ifw:/\# iptables -A PREROUTING -t nat -p tcp --dport 80 \
-j DNAT \tt-\tt-to 192.168.1.1:80
```

Der Betrieb eines transparenten Proxies wirft aber neue Probleme auf. Clients versuchen nun, einen Server direkt zu erreichen und müssen dafür fast immer einen DNS-Namen auflösen. Dies war bei der oben beschriebenen Proxy-Architektur nicht nötig: lediglich der Proxy benötigt dort die Möglichkeit der Namensauflösung. Im nächsten Abschnitt wird die Integration eines DNS Forwarders in die DMZ beschrieben, der die Auflösung der Namen von externen Systemen erlaubt.

5.4.2 DNSMasq

DNSMasq[9] ist ein einfacher DNS Forwarder, der DNS-Anfragen entgegennimmt, bearbeitet und das Ergebnis zurückliefert. Das Programm ist ideal als DNS-Proxy geeignet, da kein vollständiger DNS-Server konfiguriert werden muss, die gewünschte Funktionalität aber enthalten ist.

Für die Namensauflösung verwendet DNSMasq die Informationen aus der lokalen Datei /etc/hosts. Liefert diese kein Ergebnis, wird die Anfrage an den Resolver des Systems weitergegeben, der eine Auflösung gemäß der Konfiguration in der Datei /etc/resolv.conf versucht. Dort sollte mindestens ein DNS-Server eingetragen sein, der von der DMZ aus erreichbar ist. Diese simple Konfiguration reicht aus, damit DNSMasq als Proxy für Namensauflösungen arbeiten kann.

Einige weitere Features machen DNSMasq für den Einsatz in einer virtuellen DMZ interessant. Ein interner Cache erhöht die Performance bei Abfragen. Weiter kann das Programm so eingestellt werden, dass Anfragen für bestimmte Domains an konkrete Server gestellt werden. In einigen Setups kann dies hilfreich sein, wenn der Standard-DNS-Server keine Antwort liefern kann. DNSMasq unterstützt MX-Records und kann so konfiguriert werden, dass für MX-Queries immer der gleiche Eintrag geliefert wird. Der Betrieb eines Smarhost für E-Mail wird so ohne Änderungen an anderen Mailservern möglich.

---

[9] Siehe http://thekelleys.org.uk/dnsmasq/doc.html

5.4.3 Ein generischer Proxy

Da es in der bisherigen DMZ-Architektur keine IP-Route durch den Strang gibt, scheitert der Einsatz eines bestimmten Protokolls, wenn kein Proxy dafür existiert. Es ist zwar grundsätzlich möglich, eine Route einzurichten und Verbindungen nur dann zu einem Proxy umzulenken, wenn das verwendete Protokoll unterstützt wird. Es ist aber unschwer einzusehen, dass dies mit Sicherheitseinbußen bezüglich des Gesamtmodells verbunden ist. Trotzdem ist dieser Workaround in der Praxis kaum zu vermeiden, da längst nicht für alle Anwendungsprotokolle Proxy-Server verfügbar sind.

Um ein Routing durch die DMZ zu vermeiden, liegt der Gedanke nahe, einen generischen Proxy zu installieren, der immer dann zum Einsatz kommt, wenn kein spezieller Proxy vorhanden ist. Damit wäre auch für andere Protokolle eine Analyse und Filterung auf Anwendungsebene möglich. Ein solches Setup ist aber nicht ganz trivial. Für einen echt transparenten Proxy werden folgende Funktionen des Betriebssystemkerns benötigt:

- Weiterleiten der Pakete zu einer Verbindung mit einem externen System an einen lokalen Proxy-Prozess, zum Beispiel mit Firewall-Regeln

- Ablauf eines Prozesses, der mit einer systemfremden IP-Adresse auf einem Socket lauscht und Verbindungswünsche entgegennimmt

- Ablauf eines Prozesses, der Verbindungen mit einer systemfremden IP-Adresse zu einem anderen System initiiert

Der erste Punkt kann mit iptables mit REDIRECT-Regeln erfüllt werden. Die anderen beiden Funktionen werden benötigt, um die Existenz des Proxies vollständig zu verbergen. Beim Einsatz von NAT beispielsweise verhält sich dies genau anders herum – es wird nicht die DMZ-Komponente, sondern die dahinter liegenden Systeme verborgen.

Noch im Kernel der Version 2.2 konnte die Kernelfunktion bind() auch fremden IP-Adressen an einen Socket binden. Obwohl dieses Feature undokumentiert und die Anwendungsgebiete ziemlich eingeschränkt waren, wird genau diese Funktionalität für transparente Proxies benötigt. Trotzdem unterstützen Kernel seit der Version 2.4 die Funktion zum Binden einer fremden IP-Adresse an einen Socket nicht mehr. Mit einfachen iptables-Regeln kann also keine zufriedenstellende Lösung erreicht werden.

Um diese Unzulänglichkeit bei aktuellen Kerneln zu beheben, hat Balázs Scheidler einen Kernelpatch[10] entwickelt, der auch mit aktuellen Linux-Kerneln das Entgegennehmen und Initiieren von Verbindungen mit fremden IP-Adressen ermöglicht. Nach dem Patchen muss der UML-Kernel für ein System, welches als transparenter Proxy arbeiten soll, neu übersetzt werden. Dabei müssen die drei folgenden Optionen ausgewählt sein:

- CONFIG_IP_NF_TPROXY

- CONFIG_IP_NF_MATCH_TPROXY

---

[10] Siehe http://www.balabit.com/products/tproxy

- `CONFIG_IP_NF_TARGET_TPROXY`

Verbindungen werden über Filterregeln in der neuen iptables-Tabelle `tproxy` an ein Proxy-programm auf der virtuellen Maschine weitergeleitet, ähnlich wie beim bekannten `REDIRECT`. Bevor derartige Regeln konfiguriert werden können, ist für das iptables-Userland-Programm ebenfalls ein Patch erforderlich. Danach können etwa die folgenden Firewallregeln konfiguriert werden:

```
root@tproxy:#> iptables -t nat -A PREROUTING \
-j DNAT --to-dest 10.0.0.1 --to-port 22

root@tproxy:#> iptables -t tproxy -A PREROUTING \
-j TPROXY --on-port 22
```

Nun werden Daten an den Port 22/tcp an ein Proxyprogramm weitergeleitet. Der Proxy muss nun seinerseits eine Verbindung zum eigentlichen Zielsystem aufbauen. Dazu muss er in der Lage sein, `bind()` mit der IP-Adresse des Clients aufzurufen und dann eine Verbindung zu initiieren. Der gepatchte Kernel unterstützt den Aufruf von `setsockopt()` mit `IP_TPROXY_ASSIGN`, die die Verwendung einer systemfremden IP-Adresse für den Socket möglich macht.

Zuletzt muss noch mit folgendem Problem umgegangen werden: Manche Protokolle verwenden zusätzliche Verbindungen, die vom Server zum Client aufgebaut werden. Ein Beispiel ist FTP im Passive Mode, bei dem nur die Kontrollverbindung vom Client, die Datenverbindung aber vom Server initiiert wird. Ein transparenter Proxy, der solche Protokolle unterstützt, muss in der Lage sein, Verbindungen für eine fremde IP-Adresse entgegenzunehmen. Mit dem tproxy-Patch kann der Kernel nicht nur eine fremde IP-Adresse an einen Socket binden, sondern zusätzlich den Kernel anweisen, Verbindungswünsche für diese IP-Adresse entgegenzunehmen. Dazu muss die Funktion `setsockopt()` mit `IP_TPROXY_FLAGS` und dem Flag-Wert `ITP_LISTEN` aufgerufen werden. Der Kernel registriert dann ein NAT-Mapping in der `PREROUTING`-Chain und kann Verbindungswünsche an die fremde IP-Adresse annehmen.

Für den Betrieb eines transparenten Proxies auf einer so vorbereiteten VM wird nun noch ein Proxy-Programm benötigt, welches Daten zwischen den Verbindungen vermittelt. Der Application Layer Gateway Zorp[11] ist ein solches Werkzeug. Für den generischen Proxy können aber einfache Programme selbst entwickelt werden, die lediglich Daten von einer Verbindung an eine andere übergeben. Dies funktioniert gleichermaßen für alle Protokolle, die das Internet Protocol nutzen. Ein solcher generischer Proxy erlaubt nun den Einsatz aller auf IP basierender Protokolle für die Kommunikation durch die DMZ, ohne dass ein Routing von Paketen durch den Strang erforderlich ist.

5.5 Server

Die DMZ ist für gewöhnlich der Ort, an dem nicht vertrauenswürdige Server platziert werden. Für einen Webserver, der Informationen im Internet anbietet, ist mit mehr oder weniger schwer wiegenden Angriffen zu rechnen. Im Falle einer erfolgreichen Kompromittierung darf

---

[11]Siehe www.balabit.com/products/zorp_gpl

der Angreifer keinen Zugang zu anderen schützenswerten Systemen haben. Eine Platzierung des Webservers in einem dedizierten Netz innerhalb der DMZ erschwert so ein „Host Hopping".

Da für stark genutzte Server in der Regel die Möglichkeit der Remote-Administration gefordert ist, kann ein weiteres dediziertes Netz den Zugriff zum Beispiel per SSH von einem internen Host aus ermöglichen. Die Firewalls der DMZ müssen aber unbedingt verhindern, dass die beiden Anbindungen eines Servers als Bypass der Proxysysteme genutzt werden können.

6 Fazit

Eine virtuelle DMZ kann eingesetzt werden, um auf Netzebene unabhängige Sicherheitszonen zu schaffen. Virtuelle Maschinen vermeiden die Anschaffung teurer Hardware und machen so kostengünstige Lösungen möglich. Soll ein hoher Schutzfaktor erreichet werden, ist aber eine detailierte, individuelle Konfiguration aller einzelnen Komponeten notwendig. Das ist mit relativ hohem Aufwand verbunden. Der Einsatz von virtuellen Systemen kann diesen Aufwand an manchen Stellen reduzieren, zum Beispiel wenn ein konfigurierter Kernel in mehreren Systemen eingesetzt wird. Das Tuning der einzelnen Komponenten abhängig von ihrer Funktion bedeutet aber immer noch viel Konfigurationsaufwand.

Mit diesem Beitrag wurde der Versuch unternommen, eine Idee der Möglichkeiten zu vermitteln, die die Virtualisierung komplexer Sicherheitsgateways bietet. Wenn auch an einigen Stellen aus Platzgründen auf technische Details und Konfigurationsbeispiele verzichtet werden musste, so wurde doch ein umfassendes Bild einer Basisarchitektur gezeichnet. Für weiterführende Informationen sei auf das Literaturverzeichnis verwiesen. Es bleibt dem Leser überlassen, die Ansätze auf eine eigene Netzumgebung zu übertragen, die Ideen fortzuführen und eine geeignete Sicherheitslösung mit virtuellen Systemen aufzubauen.

Literatur

[Nor03] *Inside Network Perimeter Security*, Stephen Northcutt et al., New Rider, Indianapolis 2003, ISBN: 0-73571-232-8

[UML] *The   User-mode   Linux   Kernel   Homepage,*   Online   unter: http://user-mode-linux.sourceforge.net

[Zwi01] *Einrichten von Internet Firewalls*, Elizabeth D. Zwicky et al., O'Reilly, Köln 2001, ISBN: 3-89721-346-X

[Kra04] *Setting up a Virtual Network Laboratory with User Mode Linux*, Arjen C. Krap, Amsterdam 2004, Online unter: http://www.os3.nl/~arjen/snb/asp/asp-report.pdf

[Sha02] *Creating a Virtual DMZ with User-Mode Linux*, Ian Sharpe, 2001, Online unter: http://homepage.ntlworld.com/ian.sharpe/isharpe/technote/uml_dmz.htm

[HPW] *How   Proxies   Work,*   Enuide   Monday,   2004,   Online   unter: http://www.linuxexposed.com/internal.php?op=modload&name=News&file=article &sid=551

DNS for Fun and Profit

Roy Arends
Telematica Instituut
roy@dnss.ec

Peter Koch
DENIC eG
koch@DENIC.DE

Background

The DNS is a well studied and well known application service protocol. Systems and appliances around the net have been using DNS for years and many security issues have been discussed. Recently, two things have again driven the attention to this *old horse*. First, after more than a decade of work, DNS Security extensions (DNSSEC) have finally reached a level of maturity that deployment is in the reach of a few months. Second, a number of additional, new approaches have chosen to use DNS as a base technology, stressing the infrastructure, posing new demands on stability and security. Among those are ENUM and MARID/SPF to name a few. We try to report on and review some new developments, following a *black hat – white hat* approach. The talk will consist of several episodes, some of which will demonstrate weird ideas, but also a lesson to be learned. So the word *profit* in the title aims at an increase in mental, not fiscal wealthiness.

The following paragraphs will sketch the different episodes, starting with the state of affairs in DNSSEC, DNS protocol conformance, DNS and IPv6 and potential security implications and two methods to use DNS as a universal communication protocol, at least questioning some protocol based filtering policies. Some ideas have originated elsewhere, appropriate credit will be given in the fulltext version.

DNS finally secure

After many years of work and refinement, the DNSSEC specification has finally been approved by the IESG. For the first time after RFC 2065 and RFC 2535 a specification is awaiting publication that is well understood, tested and considered deployable. Still, some issues need further work, including the *zone walking problem* and *key management* questions. We will present the state of affairs, major changes to previous versions of DNSSEC and the open items. While we won't have solutions to most of those, we are eager to receive input from the audience w.r.t operational considerations.

The Devil's in the Dirt

Internet Protocol implementations usually adhere to the *robustness principle*[1], favoring inter-operability over strict by-the-letter conformance. This necessity gives different implementations the opportunity to react individually and differently to certain on-the-wire corner cases or to choose parameters from a wide variety of values. Tools like *nmap* have been using implementation specific behavior for a long time to identify operating systems of network attached devices. For DNS, a fingerprinting tool has been co-authored by one of us and we are presenting some refinements and the results of some surveys. Knowledge of the deployment rate of various DNS servers is important to estimate deployability of certain new protocol features, DNSSEC or other. In addition, protocol anomaly detection is important feedback for specification document clarity (and quality) and a base for *protocol scrubbing*. For the entertainment part we'll show DNS ping pong.

Renaissance of Security by Obscurity?

DNS has been a medium for reconnaissance since the very beginning. For the same time it has been mostly consensus that blocking certain DNS query methods or not entering systems' names into the DNS does not increase their security. Even more, the use of DNS reverse mapping for security or validation purposes has been questioned and providing no reverse mapping, while current sad practice, is again no security improvement since IPv4 address space given to any entity is relatively small and enumarable (including probes and scans) in short time. IPv6 will change this precondition and an organisation's IPv6 address space will very likely be only sparsely populated. Finding potential victims will be harder and while some systems still will be exposed due to services they offer or because they appear in foreign logs due to users' activities, the IPv6 reverse mapping may leak information. It has been advocated that IPv6 reverse mapping poses a risk, decreasing the *obscurity* of systems *hidden* in unexpected portions in ones address space. Brute force probes to the DNS may be as infeasible as address range scans, but we'll present a proof of concept implementaion to enumerate an IP6.ARPA subtree even in the absence of bulk access (i.e. AXFR).

About Open Relays and Open Resolvers

In the early days of the Internet is was common to offer services to everyone, either intentionally or as a side effect. The rise of spam tought us that this approach was not well suited for the real world, so over time most open relays were closed. Spam didn't cease but just one abuse mechanism disappeared. In the DNS there's a service similar to open relays: resolvers offering recursive service to anyone. While large ISPs or organisations need one or more recursive name servers (resolvers) to serve their own clients, there's no need to serve the world. Even worse, due to the existence of cache poisoning, this kind of munificence may expose the system to certain attacks. While this has been known for quite some time, we'll show how third parties can communicate through open resolvers, using nothing else but DNS protocol conformant packets.

---

[1]Be liberal in what you accept and be conservative in what you send

DNS as a substrate for other protocols

One of the simplest methods to block unwanted communication and information leakage at an organisation's network and security perimeter is blocking certain TCP and/or UDP ports. This is easily circumvented by offering services on non standard ports; many of us have seen webservers on port 22 or ssh servers on port 80, depending on what was 'allowed'. The next step then is a protocol aware firewall which will block, say, anything else but http over port 80. There's one drawback with this approach in that any protocol extension can only be made available after the firewall has been educated appropriately. EDNS0 deployment has suffered from this, since some devices did not believe DNS packets could grow beyond 512 octets. The other problem is that one still cannot fully control the information going over the wire, i.e. detect all covert channels. IP over MIME has been specified, so IP packets can be *tunneled* through SMTP or http. DNS can be used to transport arbitrary information (i.e. 'IP over DNS') as well. We will present the basic idea (credit to Dan Kaminsky) and some considerations for firewalls and IDS.

Kurzbiographien

Roy Arends is the Network Manager of the Telematica Instituut in the Netherlands, a high profile research consortium.

He brings years of experience in the internet security area. Formerly, Roy was chair of the CERT-NL, operated by SURFnet, DFN's sister organisation in the Netherlands.

After that, he co-authored the security extentions of the domain name system (DNS-SEC). Currently, Roy continues to address the security perimeter surrounding the DNS, creating awareness.

Peter Koch ist Mitarbeiter im Bereich *Research* der DENIC eG, der zentralen Registrierungsstelle für Domains unterhalb DE. Herr Koch hat an der Universität Dortmund Informatik studiert und war danach von 1993 bis 2004 an der Technischen Fakultät der Universität Bielefeld für Netzbetrieb und -sicherheit verantwortlich.

Seit vielen Jahren nimmt Herr Koch an der Protokollentwicklung in der Internet Engineering Task Force (IETF) mit denn Schwerpunkten DNS und Mail teil. Darüber hinaus arbeitet er bei RIPE-Arbeitsgruppen mit und führt den RIPE-DNS-Hostcount für die Topleveldomain DE durch.

Neues zum Thema Trusted Computing

Wilhelm Dolle
interActive Systems GmbH
Dieffenbachstraße 33c
10967 Berlin
wilhelm.dolle@interActive-Systems.de

Christoph Wegener
gits AG Gesellschaft für IT-Sicherheit
Lise-Meitner-Allee 4
44801 Bochum
wegener@gits-ag.de

1 Einleitung

Jegliche erfolgreiche Innovation in der Informationstechnik wird mehr oder weniger vom Vertrauen der Anwender getragen. Eine wichtige Voraussetzung für dieses Vertrauen ist die belastbare und überprüfbare Sicherheit aller beteiligten Komponenten. Unter dem Banner von Trusted Computing haben sich zahlreiche Hard- und Softwarehersteller zusammengeschlossen und sind angetreten diese Voraussetzung zu erfüllen.

Fundierte Aussagen über die Sicherheitsimplikationen des Trusted Computing sind allerdings weiterhin schwierig. Da die Befürworter der Technologie nach wie vor keine wirkliche „Killer-Applikation" vorzuweisen haben, zieht das Thema immer weniger Aufmerksamkeit auf sich. Zusätzlich gibt es nach wie vor einen hohen Aufklärungsbedarf, um das bei privaten Anwendern sowie bei Unternehmen bestehende Misstrauen zu beseitigen. Dadurch sinkt auch die Wahrscheinlichkeit, dass sich noch ein offenes Modell für eine vertrauenswürdige und sichere Computerplattform durchsetzen lässt. Hinter den Kulissen haben sich allerdings in den letzten Monaten einige Veränderungen an den Standards und den Plänen der beteiligten Unternehmen und Konsortien ergeben.

2 Der Status Quo

Im Jahre 1999 trat mit der Trusted Computing Platform Alliance (TCPA) [1] eine unter der Führung von Compaq, HP, IBM, Intel und Microsoft gegründete industrielle Interessengruppe an und versprach, mit einem fest in einen Rechner integrierten Kryptographie-Chip eine signifikante Erhöhung der Sicherheit des ganzen Computersystems erreichen zu können. In Kombination mit einem geeigneten Betriebssystem sollte dies so umgesetzte Trusted Computing vereinfacht gesagt, Programme und Daten gegen Modifikationen bzw. Missbrauch schützen, und es erlauben, Soft- und Hardware als vertrauenswürdig zu erkennen.

Auf die von der TCPA erstmals im Jahr 2000 veröffentlichten Spezifikationen erfolgte erst Mitte 2002 eine nennenswert breite und öffentliche Diskussion, als Microsoft mit Palladium eine Sicherheitserweiterung ihres für 2006 angekündigten Windows-Betriebssystems mit dem Codenamen „Longhorn" vorstellte. Im Juli 2003 veranstaltete selbst das Bundesministerium für Wirtschaft und Arbeit (BMWA) angesichts der fortgeschrittenen Debatte ein eigenes Trusted Computing Symposium.

Insbesondere Microsoft wurde von Kritikern zum Vorwurf gemacht, mit seinem Sicherheitskonzept, das inzwischen Next Generation Secure Computing Base (NGSCB) heißt, als primäres Ziel die Verankerung der digitalen Rechteverwaltung (Digital Rights Management, DRM) voranzutreiben [2]. Im April 2003 hat dann die von AMD, HP, Intel und Microsoft gegründete Trusted Computing Group (TCG) [3] die Rechtsnachfolge und die Spezifikationen der TCPA übernommen; mit Handys / Smart Phones, Set Top Boxen und PDAs wurde die Palette der Zielplattformen außerdem deutlich erweitert.

Die TCG gliedert ihre Spezifikationen in einen Software- und einen Hardwareteil: für die Software ist zurzeit die TCG Software Stack Specification in der Version 1.1 vom September 2003 aktuell. Das so genannte Trusted Platform Module (TPM), also der Kryptographie-Chip selbst, wird hingegen in der über 600 Seiten starken Version 1.2 der dreiteiligen TCG TPM Specification vom November 2003 beschrieben.

Zurzeit basiert die verfügbare TPM-Hardware noch auf der Spezifikation der Version 1.1b. Nach Aussage der TCG sind bereits über acht Millionen von dazu kompatiblen TPM-Chips hergestellt und aktuell verbaut worden. IBM und HP liefern zum Beispiel einen Teil ihrer Systeme mit 1.1b-TPMs aus und verschiedene Softwareanbieter im Sicherheitsbereich, wie Verisign, Check Point, Cisco und Utimaco, unterstützen ebenfalls bereits diese Kryptochips. Obwohl inzwischen die 1.2er Spezifikation fertig gestellt ist, wird dies auch noch einige Zeit lang weiter der Fall sein, bis die Produktion der Chips entsprechend auf die neue Spezifikation umgestellt sein wird.

3 Die Funktionen des Trusted Platform Modules

Das TPM hat die Aufgabe, die Integrität der Trusted Computing Base abzusichern, indem es alle dazu nötigen Funktionalitäten in manipulationssicherer Hardware realisiert. Implementiert sind auf dem TPM vor allem kyptographische Verfahren, die eine wichtige Rolle bei der Integritätsprüfung von Hard- und Softwaresignaturen oder bei der Ver- und Entschlüsselung von sensiblen Inhalten spielen. Das TPM kann brauchbare Zufallszahlen produzieren, Schlüssel generieren, Schlüssel sicher abspeichern, digitale Signaturen erzeugen und intern Ver- und Entschlüsselung durchführen. Die derzeitigen Realisierungen muss man sich als eine Art fest verlötete Smart Card vorstellen. In einem typischen Chip steckt dabei ein 8-Bit RISC-Prozessor mit 33 MHz Takt, der für die Berechnung eines 2048 Bit langen RSA-Schlüssels unter einer halbe Sekunde benötigt. Das TPM ist hier noch ein separater Baustein, oft nach dem US-Senator Fritz Hollings, der sich stark für DRM engagiert, als Fritz-Chip bezeichnet. Intel will den Chip allerdings in seinen Pentium-4-Nachfolger als "La-Grande Technology" integrieren. Durch diese Integration entfiele die Möglichkeit, die Daten bei der Übertragung über den LPC-Bus abzuhören. Das TCG-Konsortium gibt die folgenden vier Kriterien als wesendlich an:

- Sicherer Hardwarespeicher für kryptographische Schlüssel,
- Unterstützung eines sicheren Bootvorgangs,
- Versiegelung von Daten (Sealing),

- Beglaubigung der Plattform (Attestation).

Ein sicherer Hardwarespeicher für kryptographische Schlüssel und ein kontrollierbarer Bootvorgang sind ganz sicher erstrebenswerte Verbesserungen auf dem Weg zu höherer Computersicherheit. Das Fehlen eines Hardwarespeichers zur Sicherung von Schlüsseln erlaubt es einem Angreifer, selbst bei nur kurzem Zugriff auf das System, geheime Schlüssel zu kopieren. Diese, oder die damit verschlüsselten Daten, können dann offline mit nahezu beliebiger Rechenpower angegriffen werden. Sowohl ein Hardwarespeicher als auch ein sicheres Booten ist allerdings auch mit Smart Cards erreichbar. Diese sind außerdem flexibler als ein integrierter Baustein. Wie fälschlicherweise oft angenommen wird, ist es aber nicht wahrscheinlich, dass TPMs in Zukunft Smart Cards ersetzen werden, da eine Smart Card ihren Benutzer authentisieren und ein TPM seine Plattform.

3.1 Wichtige Schlüssel

Der *Endorsement Key* ist ein 2048 Bit RSA Schlüsselpaar bestehend aus einem öffentlichen und einem privaten Teil: dieses Schlüsselpaar schreibt der Hersteller auf den Chip, der Besitzer kann es weder löschen noch ändern. Der Endorsement Key ist die Grundlage für eine unverwechselbare Kennung des TPMs und wird mit dem Master Key einer Zertifizierungsstelle unterschrieben, die damit beglaubigt, dass es sich um einen Originalschlüssel handelt. Der Master Key bleibt dabei in den Händen der Zertifizierungsstelle. Der private Teil des Schlüssels verlässt das TPM niemals, während der öffentliche Teil zwei Aufgaben erfüllen kann: erstens werden mit ihm die Daten verschlüsselt, die an den Chip gesendet werden: dies tritt zum Beispiel beim Übernehmen des Besitzes auf. Zweitens dient der öffentliche Schlüssel der Platform Attestation: da der öffentliche Teil des Schlüssels aus Sicht der Privatsphäre kritisch ist, kann der Benutzer die Weitergabe deaktivieren. Eine Platform Attestation ist damit dann aber nicht mehr möglich.

Der *Storage Root Key* (SRK) ist ebenfalls ein RSA-Schlüsselpaar mit 2048 Bit Länge. Bei einem neuen TPM ist dieser Speicherplatz leer. Dieses Schlüsselpaar generiert der Neubesitzer beim Übernehmen der Hardware: es verlässt den Chip nie, der Besitzer kann es aber löschen. Der SRK dient dazu, weitere Schlüsselpaare zu verschlüsseln (Wrap). Diese Funktion ist wegen des sehr begrenzten Speicherplatzes auf dem TPM notwendig. So können beliebig viele zusätzliche Schlüsselpaare sicher außerhalb des Chips aufbewahrt werden. Ein Anwendungsbeispiel sind unter anderem private Schlüssel für die Kommunikation per E-Mail. Zur Benutzung werden die Schlüssel dann wieder in den Chip geladen und dort entschlüsselt.

3.2 Erzeugen und Benutzen von Schlüsseln

Für die Erzeugung von neuen Schlüsseln benutzt das TPM einen Hardware-Zufallszahlengenerator: dabei ist anzugeben, ob der neue Schlüssel zur Ver- und Entschlüsselung oder zum Signieren gedacht ist. Das TPM lässt einen Schlüssel nicht für beide Aufgaben zu, da dies Angriffe auf den Schlüssel erleichtern kann. Beim Generieren eines neuen Schlüssels kann optional ein Passwort angeben werden, dass in Zukunft bei der Verwendung mit übergeben werden muss und so den Schlüssel gegen Missbrauch schützt. Zusätzlich ist es möglich, einen neuen Schlüssel bei der Erzeugung an so genannte PCRs zu binden. Diese Platform Configuration Register enthalten die Hash-Werte der Konfiguration von bestimmten Systemkomponenten und werden beim Booten des Systems ermittelt. Um den Schlüssel dann später benutzen zu können müssen sich identische Hash-Werte in den

PCRs befinden. Jeder Schlüssel muss einen Vater-Schlüssel besitzen, der benutzt wird um den privaten Teil des Schlüssels vor der Übergabe an den Benutzer zu verschlüsseln: dieser Vater kann, muss aber nicht, der Storage Root Key sein. Der Benutzer muss dann das Schlüsselpaar für die weitere Verwendung (extern) speichern und vor der Anwendung erneut in das TPM laden.

3.3 Sealing

Das Sealing bindet Daten durch Verschlüsselung an die aktuelle Systemkonfiguration. Dazu benutzt es einen Authorisierungscode und eine Reihe von PCRs. Das TPM verschlüsselt die Nutzdaten unter Berücksichtigung der angegebenen Register. Das Unsealing macht diese Verschlüsselung nur wieder rückgängig, wenn neben dem Authorisierungscode auch die aktuellen Werte in den Registern mit denen zur Verschlüsselung benutzten übereinstimmen. Jede Änderung an der Konfiguration des Systems, die über ein Register abgebildet wird, verändert auch den entsprechenden Hash-Wert. Wurde dieses Register zum Sealing verwendet können die Daten nicht mehr entschlüsselt werden, solange der Originalzustand nicht wieder hergestellt wird. Bei Defekt des TPM oder anderer kritischer Rechnerkomponenten muss nach Aussagen der TCG die Anwendung, die die Sealing-Funktionen nutzt, dafür sorgen, dass die entsprechenden Daten nicht verloren sind.

3.4 Platform Attestation

Die Platform Attestation benutzt den öffentlichen Teil des so genannten Endorsement Key dazu, gegenüber einen Kommunikationspartner nachzuweisen, dass tatsächlich ein registriertes TPM auf einem Rechner läuft. Der Endorsement Key muss dazu von einer dritten Instanz, normalerweise einer Zertifizierungsstelle, beglaubigt werden. Der Kommunikationspartner fragt dann bei dieser Stelle an. Dieses Verfahren legt nicht nur großes Vertrauen in diese Instanz, sondern erlaubt es auch Benutzerprofile zu erstellen, da der öffentliche Teil des Endorsement Keys so als eine Art Seriennummer anzusehen ist.

4 Neues in der TCG TPM Spezifikation 1.2

Der Endorsement Key und der Storage Root Key haben zentrale Bedeutung für ein TPM und sind als *Non-Migratable-Keys* konzipiert: Solche Schlüssel lassen sich zwar in das TPM schreiben, können aber weder zu Backup-Zwecken gesichert werden, noch lassen sie sich auf einen anderen Chip übertragen. Kritiker sehen daher in den nicht migrierbaren Schlüsseln die Basis für ein hardwareunterstütztes DRM.

In den 1.2er Spezifikationen wurden deshalb einige Zugeständnisse an die Kritiker gemacht, und daher ist es ab dieser Version den Herstellern von TPMs möglich, löschbare Endorsement Keys in den Chip zu integrieren. Der Besitzer kann den vorgegebenen Schlüssel dann also löschen und für ungültig erklären. Dadurch verliert er allerdings unwiederbringlich den Zugang zum ursprünglichen Vertrauenssystem und muss dann ein eigenes System mit Vertrauensstellungen aufbauen. Der Aufbau eines solchen Trust-Systems und aller zur Nutzung benötigten Zertifikate dürfte aber recht komplex und kostspielig werden, so dass diese Möglichkeit für den Privatanwender nahezu ausscheidet.

Ebenfalls neu ist die Möglichkeit zu einer so genannten *Direct Anonymous Attestation* (direkte anonyme Beglaubigung, DAA), auch *Direct Proof* genannt. Bei einer DAA möchte ein Anbieter einer Dienstleistung feststellen, ob ein Kunde ein aktiviertes TPM benutzt: im Gegensatz zur Platform Attestation soll der Kunde hierbei allerdings anonym bleiben können. Der Anbieter soll also weder wissen, welcher Kunde eine Transaktion initiiert hat (Anonymität), noch welche anderen Transaktionen dieser Kunde sonst noch veranlasst hat (Unlinkbarkeit). Der Benutzer eines TPM-Systems kann hierbei für seine öffentliche Kommunikation beliebig viele anonyme Zertifikate ausstellen und bei jedem Kommunikationspartner ein anderes benutzen - damit soll das Erstellen eines Benutzerprofils wirkungsvoll verhindert werden. Das von Intel, IBM und HP in die Spezifikationen eingebrachte Verfahren ist eine Variante des *Zero Knowledge Protocol*: dabei kann mit Hilfe von mathematischen Verfahren einem Anbieter von Dienstleistungen zugesichert werden, dass das verwendete anonyme Zertifikat tatsächlich aus einem gültigen TPM stammt, ohne dass er das TPM selbst kennen muss.

Die TCG ist ebenfalls auf die Kritik an der fehlenden Hardwaresicherheit, beziehungsweise deren Überprüfung, eingegangen und verlangt jetzt die Einhaltung der FIPS 140-2, einer Hardware-Spezifikation des US-amerikanischen National Institute for Standards and Technology. Offen bleibt dabei allerdings die Frage, wer die Evaluation durchführen soll und wie unabhängig diese Stelle von der TCG sein wird. Die Unterstützung von 192- und 256-Bit AES und Triple-DES, sowie die Entscheidung bei der Auswahl von kryptographischen Algorithmen, auf standardisierte Verfahren wie RSA, SHA-1 und AES zu setzen, kann ebenso als positiv bewertet werden. Warum allerdings noch Schlüssellängen von 512, 768 und 1024 Bit bei RSA unterstützt werden, obwohl die Spezifikationen selbst als minimale Schlüssellänge 2048 Bit angeben, bleibt ebenso rätselhaft wie die Frage, warum der Secure Hash Algorithm (SHA) nur mit nicht mehr ganz zeitgemäßen 160 Bit angewendet wird: seit 2004 empfiehlt zum Beispiel das BSI für ein langfristiges Sicherheitsniveau mindestens SHA-256.

Ob die TCG in Zukunft auf weitere Forderungen der Kritiker eingeht, bleibt abzuwarten. Ein interessanter Vorschlag wurde von der US-Bürgerrechtsorganisation Electronic Frontier Foundation (EFF) eingebracht: mit dem so genannten *Owner Override* soll es dem Besitzer eines Rechners erlaubt werden, die Fernüberprüfung (Remote Attestation) des Systems, durch die Informationen über den Zustand des Computersystems abgefragt werden können und die unter anderem auch für ein hardwaregebundenes DRM benutzt werden kann, zu deaktivieren oder beliebig darauf antworten zu können[4].

5 Sichere Dateneingabe

Ein weiterer Baustein der Trusted-Computing-Konzepte ist Hardware, die einen sicheren Kanal für Benutzereingaben bereitstellt. Als ein Beispiel sei hier das von Intel und Microsoft gemeinsam entwickelte USB-Security-Extension-Schema (USB SE) angegeben. Diese Technologie ermöglicht es, durch eine Sicherheitslogik im USB-Hostadapter den Inhalt von USB-Datenpaketen zu verschlüsseln und damit vor unsicheren Teilen des Betriebssystems zu verstecken. So kann unter anderem erreicht werden, dass Tastatureingaben und Mausbewegungen weder abgehört noch manipuliert werden können.

6 Palladium / NGSCB

Next Generation Secure Computing Base (NGSCB, ehemals Palladium) [5] ist Microsofts Ansatz zu Trusted Computing: im Vergleich zum eher minimal invasiven Ansatz der TCG, der nur minimale Hardwareänderungen an bestehenden Systemen erfordert, hat Microsoft noch im letzten Jahr auf der Windows Hardware Engineering Conference (WinHEC) zahlreiche Anpassungen an der PC-Architektur für die Zukunft gefordert.

Ein Grund dafür ist sicherlich, durch die Änderung der Betriebsumgebung die notwendigen Anpassungen am Windows-Betriebssystem selbst so gering wie möglich halten zu können. So wurde bereits im Jahre 2003 eine Vielzahl an TCPA-konformen Geräten, vor allem zur Ein- und Ausgabe von Daten, angekündigt und sogar schon entsprechende Prototypen vorgestellt. Das kommende Windows selbst sollte in vier Quadranten aufgeteilt werden, um Sicherheit zu gewährleisten: die so genannte *Left Hand Side* (LHS) entsprach der aktuellen, ungesicherten Windows-Architektur, in der *Right Hand Side* (RHS) sollten davon getrennt die sicheren Anwendungen im Trusted Mode laufen. Beide Seiten wurden jeweils noch mal in einen Benutzer- und einen Kernel-Bereich unterteilt. Im Kernel-Modus auf der sicheren RHS sollte das Herzstück des neuen Windows, der so genannte *Nexus*, seinen Dienst verrichten und zwischen den Quadranten wurden diverse Übergabeschnittstellen definiert.

Für dieses Design hat Microsoft eine Menge Kritik einstecken müssen und weder Privat- noch Firmenkunden konnten sich für die neuen Hardwareanforderungen und NGSCB richtig begeistern. Hinzu kam noch, dass erste Vor-Alpha-Versionen auf der RHS eine so starke Auslastung erzeugten, dass selbst bei einfachen Anwendungen nicht an ein flüssiges Arbeiten zu denken war. Auf der WinHEC im Jahre 2004 hat Microsoft daher als Konsequenz ein komplett überarbeitetes Design von NGSCB vorgestellt: während die linke Seite nahezu identisch bleibt, wurde die rechte Seite stark überarbeitet und entspricht jetzt eher herkömmlichen Compartment-Modellen, wie man sie von virtuellen Maschinen kennt. Ob dies nun wirklich das endgültige Design der kommenden Windows-Generation ist, darf sicherlich angezweifelt werden.

7 Anwendungsbeispiel: IBM Client Security

IBM stattet bestimmte Notebooks (ThinkPad™) und Workstations (ThinkCentre™) mit einem integrierten IBM Security Chip aus, der im Prinzip ein TPM nach den TCPA Spezifikationen 1.1 ist. Die zugehörige Windows-Softwarekomponente nennt sich IBM Client Security Software (CSS), beides zusammen wird als Embedded Security Subsystem (ESS) bezeichnet. Erklärtes Ziel dieser Kombination ist es, Verschlüsselungs- und Authentifizierungsprozesse aus unzureichend gesicherter Software in die gesicherte Umgebung spezieller Hardware zu verlagern [11]. Dazu unterstützt ESS unter anderem die folgenden Anwendungsmöglichkeiten:

- Password Manager
- Verschlüsseln von Dateien und Ordnern
- Lösungen zur Schlüsselverwaltung (z.B. PKI)
- Gesicherte Windows-Anmeldung
- Authentifizierungsmethoden (Verschlüsselungstext, Fingerabdruckregister, Smart Cards)
- Export von Schlüsseln und geschützten Daten auf andere Rechner

Wenn der Benutzer des Rechners sich dem IBM Password Manager anvertrauen möchte, unterstützt ihn dieser bei der Verwaltung von Login-IDs, den zugehörigen Kennwörtern und weiterer persönlichen Daten. Diese Daten werden, wie bereits oben beschrieben, geschützt durch einen im TPM gespeicherten Schlüssel auf der Festplatte abgelegt. Der Password Manager erlaubt es dann die Daten bequem mit einer spezifischen Eingabemaske zu verketten, beispielsweise mit einem Anmeldedialogfenster eines Webbrowsers oder einer lokalen Anwendung. Abbildung 1 zeigt die Zuordnung eines WEP-Netzwerkschlüssels zu einem Konfigurationsdialog einer Wireless-LAN-Netzwerkkarte. Der Password Manager merkt sich beim Erfassen automatisch das zugehörige Feld in der Maske.

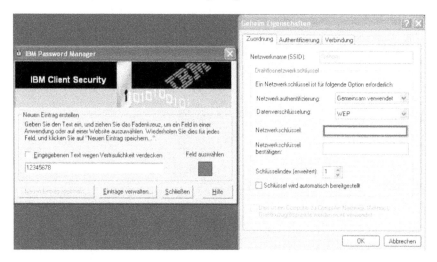

Abbildung 1: Eingabe eines WEP-Schlüssels in den IBM Password Manager

Bei einem erneuten Ausfüllen der gleichen Maske kann der gespeicherte Wert dann per Drag-and-Drop mit der Maus oder über eine Tastenkombination wieder in das markierte Feld eingefügt werden.

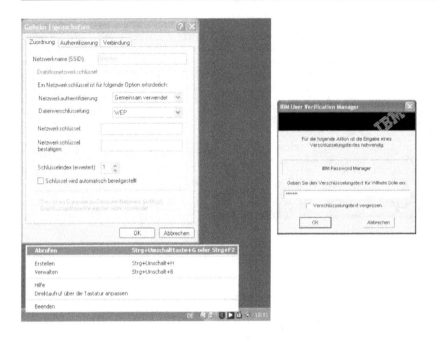

Abbildung 2: Automatisches Einfügen des WEP-Schlüssels

Zusätzlich zur Verwaltung von IDs und Kennwörtern bietet der Password Manager die Option willkürlich ausgewählte Passwörter von konfigurierbarer Länge zu generieren. Diese automatisch erzeugten Passwörter können die Datensicherheit für die meisten Benutzer deutlich erhöhen, da die Erfahrung zeigt, dass die meisten Anwender Kennwörter wählen, die sie sich gut merken können. Diese genügen daher oft nicht den Anforderungen an gute Passwörter, denn vielfach sind sie zu kurz gewählt oder enthalten Worte, die in Wörterbüchern zu finden sind - damit sind sie üblicherweise leicht zu knacken. Ein anderes Problem ist, dass viele Benutzer dazu neigen für die verschiedensten lokalen und Internet-Anwendungen gleiche oder ähnliche Passwörter zu benutzen. Auch diesem Problem kann man mit automatisch generierten und lokal verwalteten Passwörtern begegnen.

Die Funktionen zum Ver- und Entschlüsseln von Dateien und Verzeichnissen werden vom IBM Security Client direkt im Betriebssystem verankert und sind im Explorer über die rechte Maustaste verfügbar. Zur Verschlüsselung selbst wird aus Geschwindigkeitsgründen das symmetrische AES-Verfahren benutzt und dessen Schlüssel mittels RSA in Verbindung mit einer Passphrase über das TPM geschützt (Abbildungen 3 bis 5).

Abbildung 3: Das Dokument unverschlüsselt als Textdatei

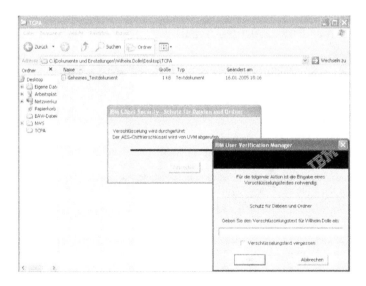

Abbildung 4: Verschlüsselung per AES

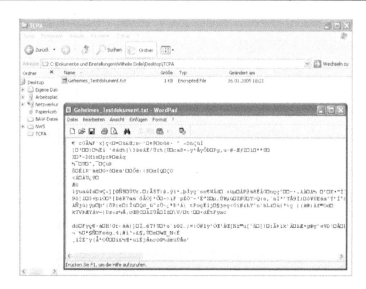

Abbildung 5: Das verschlüsselte Dokument

8 Weitere (Forschungs-)Ansätze

Während sich die öffentliche Diskussion hauptsächlich mit den Gefahren von Trusted Computing und den möglichen Features des nächsten Microsoft-Betriebssystems beschäftigte, sind in anderen Bereichen die ersten Demonstrationsapplikationen entstanden und Forschungsprojekte veröffentlich worden. Dies gilt insbesondere für den Bereich von Open Source Software und Linux. Einige dieser Ansätze sollen hier kurz vorgestellt werden.

8.1 TCPA Device Driver für Linux

Neben den oben beschriebenem ESS für Windows hat IBM im Jahre 2003 erste Programmpakete für den Linux-Kernel 2.4 [6, 7] im Internet veröffentlicht. Seit Oktober 2004 stehen aktualisierte Pakete für den Linux-Kernel 2.6 zur Verfügung. Das Linux-Experimentalpaket enthält die Quellen für ein ladbares Kernel-Modul, eine sehr gute Dokumentation, eine 18-seitige Präsentation zur Programmierung des TPM und die Quellen für diverse Demowerkzeuge. Zusätzlich beschreiben die Autoren ihr Paket in einem Artikel [12]. Übersetzt man die Quellen und lädt das Modul in den Kernel so stehen Demonstrationswerkzeuge für die folgenden Funktionalitäten zu Verfügung:

- tcpa_demo   zeigt den Inhalt des TPM an
- takeown   Besitz über das TPM übernehmen
- sealfile   Dateien versiegeln
- unsealfile   Dateien entsiegeln
- createkey   Erzeugung eines Schlüssels
- loadkey   lädt einen Schlüssel zur weiteren Verwendung in das TPM

- signfile   Signieren
- verifyfile   Signatur überprüfen
- evictkey   Slots im TPM leeren

Eine Beispielausgabe von tcpa_demo zeigt Abbildung 6: es ist gut zu erkennen, dass nur die Hälfte aller PCRs mit Hash-Werten gefüllt ist. Gemäß der Spezifikationen sind die ersten acht Register für die Integrität der Hardware vorgesehen. Die übrigen acht Register können zum Beispiel für die Integrität der Software eines Systems genutzt werden.

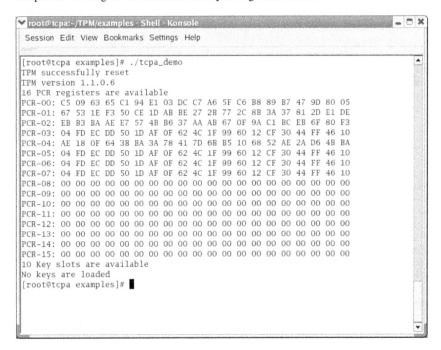

Abbildung 6: Ein Blick in den Inhalt des TPMs

Aus der recht einfach gehaltenen Unterstützung des TPMs unter Linux lassen sich sicherlich noch keine brauchbaren Rückschlüsse auf ein komplettes Betriebssystem ziehen, dass später einmal die Spezifikationen vollständig umsetzen wird. Das IBM-Experimentalpaket zeigt aber, wie einfach und transparent Applikationen auf die Funktionen des TPM zugreifen können und mag interessierten Anwendungsentwicklern als Anregung dienen.

8.2   tcgLinux - TPM-based Linux Run-time Attestation

Ebenfalls aus den Forschungslaboratorien von IBM stammt das Projekt tcgLinux [8], das mittels des TPMs nicht nur die Integrität des Bootprozesses, sondern auch alle in den Speicher geladenen Programme und Konfigurationsdateien mittels Erzeugung von Hash-Werten erfasst. Einem anfragenden System, dass eine Datenbank mit allen notwendigen

Hash-Werten enthält, kann dadurch eine bestimmte Boot- und Softwarezusammenstellung bzw. –konfiguration attestiert werden.

8.3 Enforcer Linux Security Module

Das Projekt *Enforcer* [9] wurde als Linux Security Module (LSM) entworfen und nutzt die in 8.1 beschriebenen Open-Source-Treiber von IBM zum Ansprechen des TPMs. Ziel dieses Modules ist es unter anderem, die Integrität des Linux-Systems dadurch zu schützen, dass es Manipulationen am Dateisystem verhindert. Um ein höheres Sicherheitsniveau für sensible Daten und Programme zu erreichen erstellt Enforcer eine Datenbank mit SHA-Hash-Werten dieser Dateien. Beim Laden der Daten wird dann erneut in Hash-Wert erzeugt und mit dem in der Datenbank abgeglichen. Um Manipulationen an der Datenbank selbst zu verhindern wird diese signiert und versiegelt. Zusätzlich enthält das Projekt einen angepassten LILO-Bootloader der die Integrität des Kernel Images und des Master Boot Records überprüft und in die PCRs mit der Nummer acht und neun speichert.

8.4 PERSEUS

Die Ideen zu PERSEUS [10] wurden bereits 1999 an der Universität des Saarlandes geboren. Zurzeit wird das Projekt am European Competence Centre for IT Security (eurobits) der Ruhr-Universität Bochum weitergeführt. PERSEUS ist eine Security-Softwareschicht die auf dem L4-Mikrokernel aufbaut und zum Schutz von sicherheitsrelevanten Anwendungen und sensiblen Daten alle kritischen Hardware-Ressourcen, einschließlich des TPMs, kontrolliert. Der L4-Mikrokernel besteht aus rund 7.000 Zeilen Code: zusammen mit weiteren Diensten und wichtigen Anwendungen soll PERSEUS auf maximal 100.000 Zeilen Code kommen. Damit bleibt die Codebasis von PERSEUS im Vergleich zu Betriebssystemen wie Linux oder Windows überschau- und überprüfbar.

8.5 European Multilateral Secure Computing Base (EMSBC)

Mit der European Multilateral Secure Computing Base (EMSBC) [13] wurde eine offene Computing Platform vorgeschlagen, die es erlauben soll herkömmliche Betriebssysteme, mit der Security-Softwareschicht PERSEUS und verfügbarer TCPA-Hardware zu kombinieren. Neben einer schlanken sowie offenen und damit überprüfbaren Architektur bietet dieser Ansatz den Vorteil keine Eingriffe am eigentlichen Betriebssystem selbst vornehmen zu müssen. Vorhandene Applikationen werden also aller Voraussicht nach weiterhin lauffähig bleiben.

9 Fazit

Für eine fundierte Bewertung der Auswirkungen von Trusted Computing auf die IT-Sicherheit existiert auch nach einigen Jahren noch nicht genug einsatzfähige Software. Es wird also auch in Zukunft unumgänglich sein, die Initiativen der Anbieter im Auge zu behalten und beispielsweise die Reaktion auf kritische Vorschläge von Verbraucherschutzorganisationen zu bewerten. Trotz der Existenz einer Reihe von offenen Ansätzen ist damit zu rechnen, dass sich proprietäre Lösungen durchsetzen werden, sofern es nicht in der nächsten Zeit eine umfassende, freie und akzeptable Trusted-Computing-

Implementierung geben wird. Dadurch könnten sich im schlimmsten Fall zwei völlig unterschiedliche Welten bilden zwischen denen der Informationsaustausch erschwert sein wird.

10 Literaturverzeichnis

[1] Homepage der TCPA; http://www.trustedcomputing.org/home

[2] Ross Andersen; Trusted Computing - Frequently Asked Questions; http://www.cl.cam.ac.uk/~rja14/tcpa-faq.html

[3] Homepage der TCG; http://www.trustedcomputinggroup.org/home

[4] Seth Schoen; EFF; Trusted Computing: Promise and Risk; http://www.eff.org/Infra/trusted_computing/20031001_tc.php

[5] Microsoft; NGSCB; http://www.microsoft.com/resources/ngscb/default.mspx

[6] IBM Watson Research - Global Security Analysis Lab; TCPA Resources; http://www.research.ibm.com/gsal/tcpa/

[7] Wilhelm Dolle; Trusted Computing und IT-Sicherheit: TCPA Grundlagen am Beispiel des IBM Experimentalpaketes für Linux; DFN CERT Workshop 2004; http://www.cert.dfn.de/events/ws/2004/dfncert-ws2004-f3.pdf

[8] IBM Watson Research - Secure Systems Department; tcgLinux - TPM-based Linux Runtime Attestation; http://www.research.ibm.com/secure_systems_department/projects/tcglinux

[9] Enforcer Linux Security Module; http://www.sourceforge.net/projects/enforcer

[10] PERSEUS; http://www.perseus-os.org/

[11] Aus der Hilfe-Funktion der deutschsprachigen Version 5.41.106.0 der IBM Client Security Software

[12] Safford, Kravitz, van Doorn; Take Control of TCPA; Linux Journal Nr. 112 (2003); http://www.linuxjournal.com/article.php?sid=6633

[13] Sadeghi, Stüble, Pohlmann; European Multilateral Secure Computing Base - Open Trusted Computing for You and Me; Datenschutz und Datensicherheit (DUD) 9/2004; Vieweg Verlag, pp. 548-554

WLAN Security

W(EP | PA | PA2)

Hofherr, Matthias
GeNUA mbH
Domagkstr. 7
85551 Kirchheim
Matthias_Hofherr@genua.de

1 Einleitung

Jeder kennt es, jeder hat es mittlerweile: Wireless LAN. In vielen Haushalten stehen Plug-and-Play fertige Wlan-Router, ohne dass sich von deren Besitzern jemals Gedanken zur Sicherheit gemacht werden. Die Überraschung ist dann gross, wenn die Provider-Rechnung plötzlich astronomische Summen aufweist oder man die Warnung erhält, dass der heimische PC als Warez-Server genutzt wird. Allerdings betrifft das Sicherheitsproblem nicht nur Privatanwender, sondern auch Firmen und andere Institutionen. In Firmen ist häufig zu beobachten, dass Administratoren von ihren "Mobilen Usern" quasi gezwungen werden, überhastet eine Wireless LAN Struktur aufzubauen, ohne die nötigen Sicherheitsmassnahmen zu treffen.

Dieses Paper beschäftigt sich mit dem gegenwärtigen Stand der Sicherheits-Technik in 802.11 a|b|g Netzen. Ziel ist es, Schwachstellen der jeweiligen Verschlüsselungs- und Authentisierungs-Methoden aufzuzeigen und Tipps an die Hand zu geben zur Implementierung vernünftig abgesicherter Wlan-Netze.

2 WEP

WEP steht für "Wired Equivalent Privacy" und wurde eingeführt, um drahtlose Übertragungen mindestens ebenso sicher zu machen wie drahtgebundene. Dabei sollten sowohl die Themen "Authentisierung" als auch "Vertraulichkeit" angesprochen werden.

WEP verwendet symmetrische Verschlüsselung mittels eines Shared Keys, als Algorithmus kommt RC4, eine Stromchiffrierung, zum Einsatz. Laut Spezifikation kann eine Schlüssellänge von 40 Bit verwendet werden, allerdings haben alle neueren Geräte die Option, 104 Bit Schlüssel oder länger zu verwenden. Hersteller sprechen üblicherweise von Schlüsseln mit der Länge von 64 bzw. 128 Bit. Grund hierfür ist, dass bei der Verschlüsselung ein zufälliger, 24 Bit langer sogenannter IV (Initialization Vector) an den Schlüssel angehängt wird.

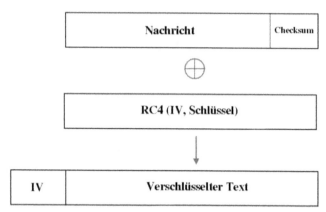

Abbildung 1: WEP Verschlüsselung

Allerdings wird dieser IV im Klartext mit übertragen und erhöht damit die Sicherheit mitnichten. Der IV wird benötigt, um zu vermeiden, dass zwei identische Nachrichten, mit dem selben Schlüssel verschlüsselt, auch identischen verschlüsselten Text liefern würden. Daher wird der IV hier als Zufallskomponente verwendet.

Die Authentisierung unter WEP läuft folgendermassen ab:

* Der Client sendet eine Bitte um Authentisierung

* Der Access Point (AP) erzeugt einen zufälligen Text und sendet ihn zum Client

* Der Client verschlüsselt den Text symmetrisch und sendet ihn zum AP

* Der AP entschlüsselt den Text und prüft auf Übereinstimmung, sendet dann Zustimmung oder Ablehnung an Client

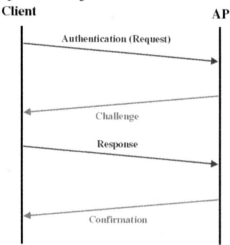

Abbildung 2: WEP Authentisierung

Die Implementierung von WEP hat gezeigt, dass von den 2^{24} möglichen IVs einige tausend "schwach" sind. "Schwach" bedeutet in diesem Kontext, dass beim Vorkommen dieser IVs Teile des Schlüssels erkannt werden können. Das führt zum sogenannten FMS-Angriff, benannt nach seinen Entdeckern Scott Fluhrer, Itsik Mantin und Adi Shamir. Details zu diesem Angriff sind unter [1] nachzulesen.

WEP gilt seit längerem als komplett gebrochen. Warum also noch einmal ein altes Thema aufgreifen? Häufig liest oder hört man Experten-Ratschläge, dass WEP bei kleinen Netzen mit wenig Datenverkehr durchaus vertretbar sei, wenn regelmässig die Schlüssel (von Hand) gewechselt werden. Grund für diese Aussage ist der FMS-Angriff, da hier ca. 5-10 Millionen verschlüsselter Pakete aufgezeichnet werden müssen, bevor der Schlüssel geknackt werden kann. Das Standardtool jedes Wireless Pentesters dafür ist seit Jahren airsnort [2]. Airsnort bietet eine graphische Oberfläche und ermöglicht sehr einfach, sowohl Daten live aufzuzeichnen und zu knacken als auch, einen bereits existierenden Mitschnitt zu verwenden.

Das Problem mit der Annahme, dass FMS viel Zeit braucht ist, dass es mittlerweile neuere, und wesentlich effizientere Angriffsverfahren gibt, die WEP zum Teil in wenigen Minuten knacken können, unabhängig von der aktuellen Netzauslastung.

Im Februar 2002 veröffentlichte h1kari (aka David Hulton) sein Paper "Practical Exploitation of RC4 Weaknesses in WEP Environments" [3]. Darin beschreibt er Optimierungsmöglichkeiten des bekannten FMS Angriffs. Mit seiner Methode benötigt er nur noch ca. 500.000 – 2.000.000 verschlüsselter Pakete zum erfolgreichen knacken des WEP Schlüssels. Mit dwepcrack (Linux-Port unter [4]) von h1kari liegt auch ein Tool vor, um diesen Angriff praktisch auszuführen.

Im Juli 2004 stellte ein Hacker namens KoreK sein Tool chopper vor. Mit diesem Tool ist es nicht mehr nötig, auf Pakete mit schwachen IVs zu warten. Zum Teil genügen 75.000 Pakete zum erfolgreichen knacken des Schlüssels mittels einer statistischen Angriffsmethode. Da chopper ein Proof-of-Concept Code war und nicht weiter gepflegt wird, wurde dieser Angriff von Christophe Devine in sein Tool aircrack [5] mit aufgenommen.

Michael Ossmann testet in seinem Artikel "WEP: Dead Again, Part 1" [6] die verschiedenen WEP Angriffs-Tools und zeigt ihre Effizienz auf. Diese Zahlen zeigen deutlich, dass tagelanges warten auf verschlüsselte Pakete zum knacken des WEP Schlüssels vorbei sind. Erschwerend kommt hinzu, dass ein Angreifer sich mittels sogenannter Reinjection-Angriffe Pakete selbst generieren kann, und somit nicht mehr auf Pakete warten muss.

Eine der ältesten Implementierungen solcher Angriffe ist *reinj* von h1kari für BSD Betriebssysteme. Das Tool sammelt bestimmte WEP-Pakete, die Aufgrund ihrer Länge z.B. als arp Broadcasts oder als dhcp Verkehr erkennbar sind. Diese (verschlüsselten) Pakete werden aufgezeichnet und erneut gesendet. Da sie im Netzwerk neuen Netzwerkverkehr generieren, z.B. arp replies oder DHCP offers, kann so lange reinjeziert werden, bis genug Pakete zum knacken des WEP-Schlüssels generiert wurden. Ähnliches kann unter nicht-BSD-Systemen mit aireplay aus den oben erwähnten aircrack [5] Tools durchgeführt werden.

Mit dieser Art des Angriffs muss ein Angreifer eigentlich nur noch wenige interessante Pakete aufzeichnen und diese erneut einspielen. Damit können WEP-Schlüssel mit ein wenig Glück innerhalb weniger Minuten gebrochen werden.

Dies zeigt deutlich, dass der Einsatz von WEP, auch in Netzwerken mit geringem Datenvolumen, nicht mehr als Sicherheitsfunktion gelten kann. Ohne weitere Sicherheitsmassnahmen stehen derartige Netzwerke einem Angreifer offen.

3 WPA

WPA steht für "Wi-Fi Protected Access" und ist quasi ein Industrie-Standard, der als Antwort auf die zahlreichen WEP-Schwächen implementiert wurde. Die Vorgabe bei WPA war, dass dieses neue Verfahren auch auf alter Hardware, wie sie für WEP eingesetzt wird, lauffähig sein muss. WPA sollte als Übergangslösung bis zur Verabschiedung des neuen IEEE Sicherheits-Standards 802.11i dienen, der sich über die Jahre hinzog, aber nicht verabschiedet wurde. WPA wurde als eine Art Untermenge der Sicherheitsmassnahmen geschaffen, die mit 802.11i in voller Pracht zum Einsatz kommen sollten. Im speziellen wurden neue Lösungen für Verschlüsselung, Authentisierung und Datenintegrität angestrebt, da WEP in all diesen Punkten Schwachstellen aufweist.

3.1   Access Control

Sowohl für WPA als auch 802.11i kommt der Standard 802.1x [7] zum Einsatz. 802.1x teilt die Zugangskontrolle in mehrere Instanzen auf:

- **Supplicant**:Ein Programm auf dem Rechner, das den Zugriff beantragt

- **Authenticator**: Ein Dienst (hier auf dem Access Point), der den Antrag entgegennimmt und bei Bedarf den Zugriff frei schalten darf

- **Authentication Server**: Hier fällt die Entscheidung, ob dem Supplicant der Zugriff gewährt wird

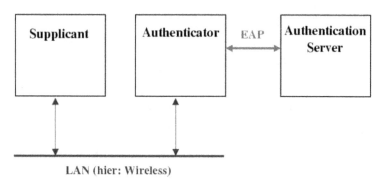

LAN (hier: Wireless)

Abbildung 3: 802.1x

Nach WPA Vorgaben müssen nicht notwendigerweise alle 3 Teile auf separater Hardware realisiert werden. Es sind WPA-kompatible Access Points im Einsatz, die sowohl Authenticator als auch Authentication Server beinhalten. Allerdings sollten für eine gute Sicherheitslösung unabhängige Komponenten gewählt werden, damit im Falle eines erfolgreichen Angriffs nur eine Komponente betroffen ist. Für grössere Enterprise-Lösungen skaliert ein Authentication Server auf dem Access Point allerdings sowieso nicht.

WPA kann grundsätzlich in 2 verschiedenen Modi betrieben werden: WPA-PSK (Pre-Shared-Key) und WPA-Enterprise. WPA-PSK ist für kleinere Lösungen gedacht, bei denen die Implementation eines Authentication Servers zu aufwändig wäre. Hier werden Pre-Shared-Keys sowohl auf dem Client (Supplicant) als auch auf dem Access Point hinterlegt.

Bei WPA muss als Authentication Server immer ein Radius-Server zum Einsatz kommen, bei 802.11i ist dies wählbar. Als Protokoll zum Aushandeln und prüfen der Zugriffsberechtigung wird EAP (Extensible Authentication Protocol, RFC 2284 [8]) verwendet. EAP ist ein sehr modulares Protokoll, das es erlaubt, verschiedene Methoden der Authentisierung einzusetzen, angepasst auf den jeweiligen Verwendungszweck. Beispiele für EAP-Methoden sind:

- **EAP-TLS**: EAP mit Transport Layer Security (TLS). Basiert auf X509-Zertifikaten und benötigt damit eine PKI-Lösung

- **EAP-TTLS**: EAP mit TLS Tunnel und einer nachgeschalteten Authentisierung

- **EAP-PEAP**: ein Draft von Cisco, Microsoft und RSA Security, sehr ähnlich EAP-TTLS

- **EAP-MD5**: eine CHAP-ähnliche Authentisierung, bei der sich nur der Client authentisieren muss

EAP wird sowohl für die Kommunikation Supplicant-Authenticator als auch Authenticator-Authentication Server eingesetzt. Die Wireless-Kommunikation wird dabei in EAPOL (EAP over LAN) gekapselt, die drahtgebundene in das Radius-Protokoll.

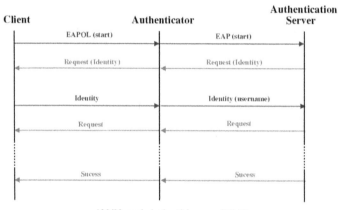

Abbildung 4: Authentisierung mit EAP

3.2   TKIP

Neben der Authentisierung wurden in WPA auch Änderungen zur Generierung und Verteilung von dynamischen Schlüsseln vorgenommen. Dies geschieht mit Hilfe von TKIP, dem Temporary Key Integrity Protocol. Dies wurde eingeführt, um gezielt die diversen Schwachstellen von WEP zu bekämpfen, ohne dass dabei Änderungen an der Hardware vorgenommen werden müssen.

Im Gegensatz zu WEP wird bei TKIP allerdings nicht mehr nur ein einziger Schlüssel verwendet, es kommt eine sogenannte Key-Hierarchy zum Einsatz.

Der oberste Schlüssel in dieser Hierarchie ist der "pairwise master key" (PMK). Dieser Schlüssel existiert jeweils zwischen einem Client und dem Access Point und wird entweder fest vergeben (pre-shared key) oder vom Authentication Server erzeugt. Allerdings wird der PMK nicht direkt zum Verschlüsseln der Kommunikation verwendet.

Mit Hilfe des PMK werden vier verschiedene Schlüssel für unterschiedliche Aufgaben generiert, die zusammen der "pairwise transient key" (PTK) genannt werden. Diese Schlüssel werden bei jeder Assoziierung mit dem Access Point generiert.

Weitere Vorteile von TKIP sind ein verbessertes Verfahren zur Überprüfung der Datenintegrität, ein grösserer Schlüsselraum für den IV (jetzt 48 Bit) sowie die Verhinderung von Replay-Angriffen.

3.3 Angriffe

Die grösste Schwachstelle bei WPA liegt momentan in der Verwendung von WPA-PSK. Es gibt gegenwärtig mindestens 2 Tools, die in der Lage sind, Wörterbuchangriffe gegen aufgezeichnete WPA-Verbindungen durchzuführen. Der Grund hierfür liegt in der Generierung des PMK und des PTK:

$$PMK = PBKDF2 \ (passphrase, \ ssid, \ ssid\text{-}Länge, \ 4096, \ 256)$$

Dies bedeutet, dass der PMK berechnet wird, indem der Schlüsselberechnungs-Algorithmus PBKDF2 (siehe RFC2898 [9]) die Passphrase, die SSID (service set identifier) des Netzwerks und die Länge der SSID als Eingabe erhält und dann 4096 mal hashed. Die Funktion gibt einen 256 Bit Schlüssel aus. Problem ist, dass sowohl ssid als auch die Länge der SSID bekannt sind, wenn der komplette WPA Handshake aufgezeichnet wurde.

Bei der Berechnung des PTK fliesst der PMK, Zufallswerte von Supplicant und Authenticator und die MAC-Adressen beider Seiten mit ein. Der PMK ist bekannt (da vorher geknackt) und die Zufallswerte sowie die MAC-Adressen können einfach im Klartext mitgeschnitten werden.

Damit ein derartiger Angriff Erfolg hat, muss die WPA Authentisierungsphase erfolgreich aufgezeichnet sein. Ein bereits assoziierter User reicht hier nicht. Allerdings gibt es genügend Tools, die den User automatisch disassoziieren und damit eine erneute Assoziierung erzwingen. Dies lässt sich zum Beispiel mit dem Tool void11 [10] von Reyk Floeter einfach bewerkstelligen..

Mit oben beschriebener Angriffstechnik lassen sich relativ einfach Brute-Force und Wörterbuchangriffe ausführen, um den Netzverkehr zu entschlüsseln. Als praktisches Beispiel sei hier das Tool cowpatty [11] von Joshua Wright genannt. Cowpatty benötigt nur eine Wörterbuch-Datei und einen aufgezeichnete Mitschnitt des Netzwerkverkehrs. Das Tool zeigt allerdings auch sehr gut die Limits eines derartigen Angriffs. Auf einem optimierten High-End Serversystem kann Cowpatty ca. 70 Versuche pro Sekunde ausführen. Grund hierfür ist der oben beschriebene Algorithmus zur Berechnung des PMK. Pro getesteten Passwort sind 4096 Hashsummen-Berechnungen notwendig, was die CPU sehr stark belastet.

Trotz der relativ ineffizienten Geschwindigkeit sollte dieser Angriff nicht unbeachtet bleiben. Die meisten Anwender verwenden relativ simple Passphrases als Schlüssel, die mit einem kleinen Wörterbuch immer noch in vernünftiger Zeit auszuprobieren sind. Desweiteren kann der Angriff auf mehrere Maschinen verteilt werden, wobei jede Maschine einen Teil des Wörterbuchs testet. Mit einem grösseren Maschinenpark können damit auch längere Wörterbücher in vertretbarer Zeit getestet werden.

Für den Anwender ergibt sich als Konsequenz, dass WPA-PSK wirklich nur in sehr kleinen Umgebungen zum Einsatz kommen sollte, in denen sich der Einsatz eines Authentication Servers nicht rentiert. Sollte doch WPA-PSK eingesetzt werden, dann muss auf die Wahl der Passphrases zur Schlüssel-Generierung geachtet werden. Wichtig ist, dass diese Phrases möglichst viele Stellen haben. Am besten sind mit einem Passwort-Generator zufällig erzeugte Passphrases, die sich in keinem Wörterbuch befinden.

4 WPA2 / 802.11i

Am 24. Juni 2004 wurde der Standard 802.11i nach langem Warten verabschiedet. Viele der grundlegenden Neuerungen wurden bereits vorab in WPA realisiert. Die Industrie nennt neue 802.11i taugliche Produkte "WPA2 kompatibel". Neue Hardware, die voll 802.11i kompatibel ist, kann in einem reinen RSN-Mode (robust security network) betrieben werden. Allerdings können ältere Geräte nicht zusammen mit neueren betrieben werden. Daher sieht 802.11i für die Übergangsphase ein TSN (transitional security network) vor, in dem Geräte gemischt betrieben werden können.

Der grösste Unterschied zwischen WPA und 802.11i ist die Verwendung von AES (Advanced Encryption Standard) im sogenannten CCMP (Counter Mode - CBC MAC Protocol) Mode bei letzterem. Da ältere Access Points aufgrund ihrer Hardware als Verschlüsselungs-Algorithmus nur RC4 unterstützen, wird für den Einsatz von AES komplett neue Hardware benötigt. Aufgrund des stärkeren AES-Algorithmus kommen kleiner Schlüssellängen als bei TKIP zum Einsatz. Während die temporären Schlüssel von TKIP zusammen 768 Bit Schlüssellänge haben müssen, benötigt AES-CCMP dagegen nur 512 Bit.

5 LEAP

LEAP (Light EAP) war Ciscos Antwort auf bestehende schwache Sicherheitslösungen auf Basis von WEP. Mit LEAP wurde zum ersten Mal 802.1x und EAP im kommerziellen Umfeld eingesetzt. Vom Aufbau her ähnelt LEAP dem WPA-Konzept, allerdings mit schwächeren Sicherheitsmechanismen. Da LEAP proprietär ist und es keine frei verfügbare Implementation gibt, ist offiziell wenig bekannt zur Implementierung. Allerdings wurde die Funktionsweise von LEAP durch intensives Studium [12] der Netzwerkpakete während der Authentisierung deduziert.

LEAP verwendet den klassischen Ansatz von 802.1x und trennt die Komponenten in Supplicant, Authenticator und Authentication Server. Um an diesem System teilnehmen zu können, muss der Access Point Unterstützung für LEAP haben. Als Authentication Server kommt Radius zum Einsatz. Zur Authentisierung wird eine MS-CHAPv2 Variante verwendet, die um gegenseitige Authentisierung erweitert wurde. Dies verhindert, dass ein feindlicher Access Point sich für einen regulären Access Point ausgeben kann.

LEAP kommuniziert mit Session Schlüsseln. Nach der gegenseitigen Authentisierung schickt der RADIUS-Server dem Access Point den Session Schlüssel. Diese Kommunikation ist symmetrisch verschlüsselt, der Schlüssel dafür wird vorher im Access Point und im Radius-Server hinterlegt. Wie genau der Schlüssel zum Client kommt ist bisher nicht bekannt. In jedem Fall wird er NICHT über Wireless LAN gesendet.

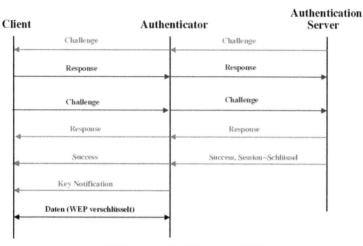

Abbildung 5: Authentisierung mit LEAP

LEAP ist sehr einfach zu implementieren, da nur je beteiligtem Gerät ein Schlüsselpaar eingetragen werden muss. Daher wird es gegenwärtig sehr häufig eingesetzt und erhält meist den Vorzug vor sichereren Lösungen wie z.B. PEAP oder EAP-TLS.

Angriffe:

Da LEAP auf MS-CHAPv2 basiert, hat es auch alle seine Schwächen geerbt. Ein Angreifer kann jeweils problemlos sowohl die Challenge als auch die Response aufzeichnen und damit versuchen, den LEAP Schlüssel zu knacken.

Ein Kommandozeilen-Tool, das einen derartigen Angriff ausführt, ist asleap [13] von Joshua Wright. Asleap kann einen Wörterbuch-Angriff entweder gegen eine bereits existierende Aufzeichnung oder gegen einen Live-Mitschnitt des Netzwerks durchführen. Dabei werden alle Einträge im Wörterbuch zuerst mittels MD4 gehased, um die NT Hashes zu erzeugen, die bei MS-CHAPv2 verwendet werden. Prinzipiell könnte der Angriff hier schon durchgeführt werden. Nachteil ist allerdings, dass eine Challenge zuerst drei Mal mit DES verschlüsselt werden muss. Dies benötigt schnelle Hardware und ist generell ziemlich zeitaufwändig. Aufgrund einer weiteren Schwachstelle in MS-CHAPv2 können die letzten 2 Byte des NT Hashes sehr schnell bestimmt werden. Mit diesen 2 Byte kann mittels eines guten Indexes sehr schnell bestimmt werden, ob sich das Passwort im verwendeten Wörterbuch befindet. Alle in frage kommenden Möglichkeiten werden dann verschlüsselt und mit der Response verglichen. Stimmt die Response überein, dann stellt asleap den Schlüssel im Klartext dar. Details zu diesem Angriff können unter [14] nachgelesen werden.

6 Fazit

Gegenwärtig existieren mehrere Möglichkeiten, eine Wireless LAN Installation abzusichern. Die schwächste und älteste Methode ist die Verwendung von WEP. Mit den heutzutage zur Verfügung stehenden Angriffsmethoden ist WEP in jeder Hinsicht gebrochen. Dies gilt nach gegenwärtigem Kenntnisstand auch für alle proprietären Verbesserungen, die an WEP vorgenommen wurden.

WPA ist der erste Standard, der ein gewisses Minimum an Sicherheit für drahtlose Netze aufweist. Die effektive Netzwerksicherheit von WPA hängt davon ab, wie der Anwender es einsetzt. WPA-PSK sollte soweit wie möglich vermieden werden. Muss es dennoch zum Einsatz kommen, dann müssen starke Passwort-Richtlinien umgesetzt werden, so dass die Passphrases nicht einfach mit einem Wörterbuchangriff geknackt werden können.

Gleiches gilt für den Einsatz von Cisco LEAP. Im Unterschied zu WPA-PSK können allerdings die Angriffe wesentlich effizienter durchgeführt werden, so dass das Risiko hier erheblich höher ist. Generell kann nur vom Einsatz von LEAP abgeraten werden. Sollte dies keine Option sein, dann ist die einzige Schutzmöglichkeit die oben erwähnte starke Passwort-Richtlinie.

Nach der Verabschiedung des Standards 802.11i gibt es bereits die ersten WPA2-kompatiblen Geräte auf dem Markt. Damit wird der Sicherheitslevel von drahtlosen Netzen um mehrere Stufen verbessert. Wie stark die jeweilig implementierte Sicherheit ist, hängt auch bei 802.11i von der Wahl des Authentisierungs-Verfahrens ab. Die höchste Sicherheit ist gegenwärtig mit Lösungen wie EAP-TLS (und EAP-TTLS/PEAP mit entsprechender nachgelagerter Authentisierung) zu erreichen, wenn man sich nicht scheut, die dafür benötigte PKI Infrastruktur aufzubauen.

Keine der vorgestellten Lösungen ist jedoch in der Lage, eine Lösung für das dritte Standbein der sogenannten CIA–Triad (Confidentiality, Integrity, Availabilty) zu liefern: **Verfügbarkeit**. Alle bestehenden Lösungen sind anfällig für Denial-of-Service Angriffe, sei es per Software oder Hardware. Solche Angriffe sind sehr einfach zu realisieren und sehr schwer zu beheben. Daher sollten drahtlose Netze niemals in missionskritischen Umgebungen zum Einsatz kommen.

7 Literaturverzeichnis

[1] "Weaknesses in the Key Scheduling Algorithm of RC4": http://www.crypto.com/papers/others/rc4_ksaproc.pdf

[2] airsnort: http://airsnort.shmoo.com

[3] "Practical Exploitation of RC4 Weaknesses in WEP Environments": http://www.dachb0den.com/projects/bsd-airtools/wepexp.txt

[4] dwepcrack: http://www.e.kth.se/~pvz/wifi

[5] aircrack: http://www.cr0.net:8040/code/network/aircrack/

[6] "WEP: Dead Again, Part 1": http://www.securityfocus.com/infocus/1814

[7] 802.1x: http://standards.ieee.org/getieee802/download/802.1X-2001.pdf

[8] RFC 2284: http://www.faqs.org/rfcs/rfc2284.html

[9] RFC 2898: http://www.faqs.org/rfcs/rfc2898.html

[10] void11: http://www.wlsec.net/void11/

[11] cowpatty: http://www.remote-exploit.org/?page=codes

[12] LEAP Funktionsweise: http://lists.cistron.nl/pipermail/cistron-radius/2001-September/002042.html

[13] asleap: http://asleap.sourceforge.net/

[14] asleap README: http://asleap.sourceforge.net/README

UNIX and Linux based Rootkits Techniques and Countermeasures*

Andreas Bunten
DFN-CERT Services GmbH
Heidenkampsweg 41
D-20097 Hamburg
bunten@dfn-cert.de

Abstract

A rootkit enables an attacker to stay unnoticed on a compromised system and to use it for his purposes. This paper reviews techniques currently used by attackers on UNIX and Linux systems with a focus on kernel rootkits. Example rootkits are classified according to code injection and how the flow of execution is diverted within the kernel. The efficiency of different countermeasures is discussed for these examples.

1 Motivation

An attack on a system connected to the internet typically shows the following pattern: The target is scanned for potentially insecure services. The attacked system is called *compromised* as soon as a vulnerability has been exploited and the attackers are able to execute commands. Local vulnerabilities are subsequently utilised until the attackers have the same privileges as the system administrator. The administrator will try to regain control as soon he realises the compromise. This can be done by eliminating the vulnerability, a full reinstall of the system, or simply by taking it offline. Therefore, if the attackers want to maintain their access to the system they have to take measures not to be noticed.

The typical attacker uses collections of programs to hide his presence and activities on compromised systems - so called *rootkits*. This article discusses the techniques employed by the attacker to stay invisible on the compromised system using rootkits.

---

*This article has been published in the proceedings of the 16th annual FIRST conference, June 2004.

1.1   The history of rootkits

Rootkits first appeared at the end of the 80's [Ditt2002] and consisted of tool collections used to manipulate UNIX logfiles in order to hide the presence of certain users [BTA1989]. Later on, attackers started to substitute programs like ls, ps or netstat to hide their activities. Such programs were soon packaged together with manipulated versions of login and similar programs to secretly log passwords. *Sniffers* were used to read unencrypted passwords from the local network.

In the mid 90's *kernel rootkits* appeared on Linux systems [Half1997]. These were loaded as modules at runtime to manipulate the core of the operating system itself. This technique allowed very thorough obfuscation of the attacker's activities e.g. by redirecting system calls instead of exchanging single programs. By the end of the 90's kernel rootkits existed for practically all modern UNIX-like operating systems. At the same time rootkits for Microsoft Windows appeared [Hogl1999]. Although attackers had to cope with a lack of documentation they were able to replay the development of rootkits in the UNIX-world within a few years. Current Windows rootkits are kernel-based and provide similar functionality as their UNIX counterparts.

In recent years the methods used by attackers have been refined. New ways of code injection have been developed, allowing to patch a rootkit into the running kernel without the usage of modules. Other rootkits manipulate existing modules or kernel images on disk to install themselves. While manipulation of the kernel by the redirection of system calls is relatively easy to detect, modern rootkits have become more sophisticated and more difficult to detect. The flow of execution is diverted at different places and at deeper levels within the kernel. Furthermore, obfuscation techniques are employed in the rootkit binaries to prevent analysis if the rootkit is found. In response, the countermeasures have also evolved. Aside from simple checksum based approaches new methods of detection, like runtime measurement of system calls, have been developed. Critical resources of the operating system are checked for consistency to discover the diversion of the execution flow by the rootkit.

1.2   Technical terms

The concepts of user and kernel mode as well as system calls are briefly introduced in a general manner for UNIX-like operating systems in order to be able to characterise rootkits. More information on the subject concerning UNIX [Bach1986] and Linux [BC2002] can be found in the literature.

1.2.1   User and kernel mode

UNIX-like operating systems distinguish between processes running within the kernel (running in *kernel mode*) and processes started by users (running in *user mode*) including the special user root. Memory belonging to the kernel can be accessed via the device files /dev/kmem and /dev/mem. Depending on the configuration, data can be read and maybe also written. Very few programs use this interface and access is generally restricted to the user root. Even though access to kernel memory is possible this way, there are not necessarily symbol tables or similar mechanisms, which will give any help finding particular data structures or functions.

Functions inside the kernel can only be accessed by the use of *system calls*, which provide a well-defined and static interface. Even the user `root` can not run arbitrary code in kernel mode. Though, most modern operating systems are able to load *kernel modules* at runtime. Special system calls are used to bring the code of the module into the kernel. Modules are often used for drivers of multimedia or hotplug hardware.

1.2.2   Execution of a system call

The command 'ls /tmp' gives a listing of all files located in the directory /tmp. The program ls uses the system call open() to access the directory for reading. The flow of execution can be seen in figure 1. The basic steps are:

- The program ls makes a call to open(/tmp, O_RDONLY). To do this, parameters are loaded in the corresponding registers and the interrupt reserved for system calls is triggered.

- The system switches into kernel mode to handle the interrupt. The *interrupt descriptor table* (IDT) is referenced and the corresponding *interrupt handler* is called.

- The interrupt handler references the *syscall table* to finally call the function sys_open() with the parameters provided by ls.

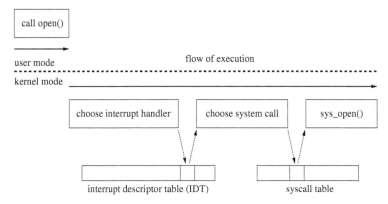

Figure 1: *The system call* open() *is used. The flow of execution is transfered to kernel mode, where the IDT and the syscall table are used to determine which function to call.*

A file handle will be returned to the calling program ls, which will then use more system calls like getdents() to actually read all the entries of the directory and to print them out. It is noteworthy that a few central resources like the IDT and the syscall table are used to determine what function inside the kernel is called.

2   User mode rootkits

The first rootkits worked in user mode and have mostly been abandoned. However, old rootkits are still found while analysing compromised machines. Especially on unusual hardware where ports of current rootkits are not available.

2.1   Techniques used by early rootkits

To give the full picture, examples are briefly presented for logfile filtering and for rootkits, which exchange system binaries.

2.1.1   Manipulation of logfiles

The programs for the manipulation of logfiles used in early rootkits [BTA1989] are still in use - though in more sophisticated versions. Typically logfiles are filtered automatically. The attacker provides a few keywords and the program scans various logfiles and deletes all lines containing the keywords. Such a keyword might be the IP of the attacking machine. Figure 2 shows the last lines of a logfiles before and after usage of such a tool.

```
linux:/home/rks # tail -3 /var/log/messages
Jan 13 14:16:10 linux kernel: VFS: Disk change detected on device fd(2,0)
Jan 13 14:19:39 linux sshd[1517]: WARNING: /etc/ssh/primes does not exist,\
   using old prime
Jan 13 14:19:43 linux sshd[1517]: Accepted password for seg from\
   192.168.1.17 port 36262 ssh2

linux:/home/rks # sh t0rnsb seg
 * sauber by socked [07.27.97]
 *
 * Cleaning logs.. This may take a bit depending on the size of the logs.
 * Cleaning messages (414 lines)...1 lines removed!
 * Cleaning boot.log (7mlines)...0 lines removed!
[...]
 * Alles sauber mein Meister !

linux:/home/rks # tail -3 /var/log/messages
Jan 13 14:16:10 linux kernel: VFS: Disk change detected on device fd(2,0)
Jan 13 14:19:39 linux sshd[1517]: WARNING: /etc/ssh/primes does not exist,\
   using old prime
Jan 13 14:20:21 linux syslogd 1.3-3: restart.
```

Figure 2: *The last three lines of a logfile are shown before and after the tool* t0rnsb *is used to delete all lines containing the keyword 'seg'.*

All lines denoting the login of user seg are deleted from the logfile using the program t0rnsb from the rootkit t0rnkit. The program searches various logfiles for the given keyword. However, the limitations of this approach become obvious at a closer look. On this system every login is accompanied by an error message concerning the file /etc/ssh/primes. This line was not deleted since it did not contain the keyword. Furthermore the daemon responsible for the logging has been restarted, which is also a telltale sign of intrusion. A system administrator closely inspecting the logfiles will always have good chances to find traces even though the logfiles were manipulated.

2.1.2 Exchanging system binaries

In order to hide the processes and files of the attacker, early rootkits started to substitute system binaries for manipulated versions. The manipulated version of ls does not show all files anymore, ps will forget about some processes and netstat drops some network connections from the output. In the year 2000 the rootkit t0rnkit was widely used [CERT2000]. It can still sometimes be found on compromised systems. The rootkit replaces the programs login, ifconfig, ps, du, ls, netstat, in.fingerd, find and top by manipulated versions. The configuration (and sniffer logs) are stored in /usr/src/.puta. When a manipulated version of one of the binaries is called, files containing keywords are read and the output is filtered accordingly.

2.2 Detection

As the need arose, mechanisms were invented to identify manipulated system binaries by the use of checksums or by other means.

2.2.1 Checksums

The manipulated binaries might have the same length and timestamp as the original programs but will differ in their checksums. Programs like tripwire or aide [Aide2004] automate the task of generating checksums for system binaries and important configuration files. These tools allow to check the current system against these checksums at a later time, in order to uncover a compromise.

The drawback of this method is the time-consuming overhead of maintaining such a set of checksums. Accordingly, this approach is unfeasible for many administrators. Naturally, the checksums and the binaries needed for the test should be stored offline to be safe from manipulation. A packet system like rpm can provide a limited alternative since it also maintains a set of checksums to manage software updates. Figure 3 shows aide and rpm finding traces of a user mode rootkit.

2.2.2 Special rootkit detectors

Programs like chkrootkit [Chk2004] or Rootkit Hunter [Rkh2004] automate the task to look for signatures of known rootkits. The signatures often consist of configuration directories with a fixed path or certain strings appearing in the manipulated version of a binary. If e.g. the directory /usr/src/.puta exists, it is very probable that the rootkit t0rnkit (version 6.66)

```
linux:/home/rks # aide -C
AIDE found differences between database and filesystem!!
Start timestamp: 2003-01-13 21:32:11
Summary:
Total number of files=17520,added files=16,removed files=0,changed files=43
[...]
changed:/bin
changed:/bin/ls
changed:/bin/netstat
changed:/bin/ps
changed:/bin/login
[...]

linux:/home/rks # rpm -Vva
[...]
S.5....T   /bin/ls
S.5.....   /bin/netstat
SM5.....   /bin/ps
.M5....T   /bin/login
[...]
```

Figure 3: Aide *is run and the checksums of several programs have changed. The packet system* rpm *can provide the same information. The '5' in its output stands for a changed MD5 checksum.*

has been installed. The signatures will not match if a very recent or a slightly modified version of a rootkit is in use. The problem is known from other signature based methods in intrusion detection systems and virus scanners. To fill this gap, the tools also look for general traces left by rootkits. Figure 4 shows the output of chkrootkit detecting a rootkit.

```
linux:/home/tools/chkrootkit-0.38 # ./chkrootkit
[...]
Checking 'login'... INFECTED
Checking 'ls'... not infected
Checking 'lsof'... not infected
Checking 'mail'... not infected
Checking 'mingetty'... not infected
Checking 'netstat'... not infected
Checking 'named'... not found
Checking 'passwd'... not infected
Checking 'pidof'... not infected
Checking 'pop2'... not found
Checking 'pop3'... not found
Checking 'ps'... INFECTED
[...]
Searching for t0rn's default files and dirs... Possible t0rn rootkit installed
[...]
```

Figure 4: Chkrootkit *is run and known strings from the rootkit* t0rnkit *are identified in the programs* login *and* ps.

2.2.3 Manual search

There are numerous ways of looking for rootkits manually. Two examples are shown in figure 5. The content of a directory can be listed in many ways and differences to the output
of ls should raise suspicion. Looking at the system calls done by ls, an open() of the
file /usr/src/.puta/.1file attracts attention. The file is known to be part of the rootkit
t0rnkit.

```
linux:/usr/src # ls -al
total 8
drwxr-xr-x   3 root      root         4096 Jan 13 21:34 .
drwxr-xr-x  25 root      root         4096 Jan 13 21:34 ..

linux:/usr/src # echo .*
. .. .puta

linux:/usr/src # tar -cf - . | tar -tvf - | grep "^d"
drwxr-xr-x root/root         0 2003-01-13 21:34:51 ./
drwxr-xr-x root/root         0 2003-01-13 20:19:24 ./.puta/

linux:/usr/src # strace /bin/ls / 2> /tmp/tracefile
linux:/usr/src # cat /tmp/tracefile | grep open
[...]
open("/usr/src/.puta/.1file", O_RDONLY) = 3
```

Figure 5: *Various means are used to display the files in the current directory and it contains
more than* ls *displays.* Strace *is used to show all system calls done by* ls *to* open() *files.
Strangely, the file* /usr/src/.puta/.1file *is accessed.*

3 Kernel Rootkits

Today, most rootkits found on compromised systems are kernel-based. The first kernel rootkits were probably written for Linux [Half1997], but the techniques were quickly transfered
to other operating systems like Solaris [PlT1999] and modern BSD systems [PrT1999]. Malicious code is transfered into the kernel e.g. as loadable kernel modules using the methods
provided by the operating system to load drivers at runtime (cf. 1.2.1). Once in the kernel, system calls are manipulated to hide the attacker. A kernel rootkit by definition manipulates the
innermost core of the operating system and can therefore change any information processed
by the system. While this, in theory, allows a perfect simulation of the original system, being
in fact compromised, it is near to impossible to realise in practice [Skou2003].

A classification of kernel rootkits can be implemented by assessing their methods to inject
code into the kernel and by the way the flow of execution is manipulated within the kernel.
The following three examples present the most common methods found in kernel rootkits.

3.1   Adore BSD 0.34

The rootkit Adore was written for Linux and modern BSD systems like FreeBSD. It was one of the first kernel rootkits, but can still be found on compromised machines. Adore allows an attacker to hide files, processes and network connections. Configuration is done by a userspace tool called ava. Neither a mechanism to reload the rootkit when the system is restarted, nor a backdoor are part of the rootkit. An attacker has to solve these tasks by himself, e.g. by installing a manipulated SSH daemon and hiding the process and its network connections using Adore.

3.1.1   Code injection

The rootkit is loaded into the kernel as a module and the regular interface provided by the operating system is used. A second module is used to delete Adore from the data structures used by the kernel to store module information. This makes the rootkit invisible for the regular system administration tools. To prevent the injection of code by this means, module support can be switched off on a given system.

3.1.2   Flow of execution

The rootkit manipulates the syscall table to divert the execution of 15 system calls to its own code. This is the most widely used method of the attackers to change the flow of execution in the kernel. A schematic view can be seen in figure 6.

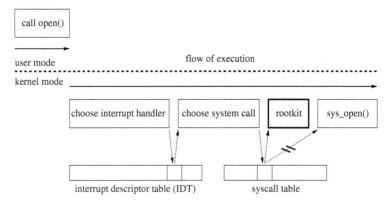

Figure 6: *The syscall table is manipulated and the rootkit is called first when any process uses the system call* open().

3.2   SucKIT 1.3b

The rootkit SucKIT was published and well documented in 2001 [SD2001]. It runs under Linux and is widely used. The rootkit is very easy to use and already includes a reload-mechanism for system reboots and a backdoor. The backdoor is only activated after a certain packet was send to the system.

The mechanism to reload the rootkit works as follows. A UNIX-like system executes /sbin/init at system start. SucKIT replaces this file with it's own loader. The loader injects the rootkit into the kernel and executes the original init, which was renamed. To hide this manipulation, the renamed original is hidden using the mechanisms of the rootkit. Furthermore, any access to the file /sbin/init is redirected to the renamed and hidden original. When the system administrator generates a checksum of the file, it will match the one calculated before the rootkit was installed as seen in figure 7.

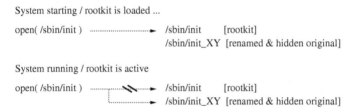

Figure 7: *The rootkit* SucKIT *replaces* /sbin/init *with its own loader. To hide this fact the rootkit diverts every access to the file* /sbin/init *to the hidden and renamed original.*

The ease of use of SucKIT includes not having to know the exact version of the operating system. A compiled binary of SucKIT can be installed on systems running any Linux version from the 2.2 or 2.4 release trees.

3.2.1   Code injection

The rootkit transfers itself into the kernel by the use of /dev/kmem. The method is more complicated than using kernel modules, but can not as easily be blocked. The code of the rootkit is injected in several stages:

- The addresses of the syscall table and of the function kmalloc() within the kernel are found by searching kernel memory for certain patterns.

- The function kmalloc() is internal to the kernel and needed to reserve space in kernel memory. The address of kmalloc() is put into an unused entry of the syscall table.

- kmalloc() is executed as a system call and memory in the kernel is allocated.

- The rootkit is written to the freshly reserved space in the kernel.

- The address of the rootkit is put into the unused entry of the syscall table, overwriting the address of kmalloc().

- The rootkit is called as a system call and finally running in kernel mode.

3.2.2 Flow of execution

The rootkit SucKIT manipulates the syscall table and diverts the execution of 24 system calls to its own code. In contrast to the method used by Adore, the syscall table is first copied and then the copy is modified. This way the original stays untouched and tools designed to check the consistency of critical kernel resources will find no traces looking at the syscall table alone. The interrupt handler used for system calls is then manipulated to use the malicious copy of the syscall table. The manipulation is shown in figure 8.

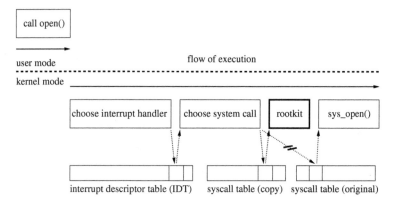

Figure 8: *The rootkit* SucKIT *first copies the syscall table and then only modifies the copied version. The interrupt handler for system calls is changed to use the manipulated copy of the syscall table.*

3.3 Adore-NG 1.41

The rootkit Adore-NG is a recode of the original Adore and will serve as the third example in version 1.41 for Linux. The rootkit uses more sophisticated techniques than Adore, but is not yet in widespread use. The rootkit provides neither backdoor nor reload-mechanism by itself. The attacker has to solve these tasks himself as is the case with Adore. In addition to the usual features, Adore-NG automatically filters log messages generated by hidden processes. This greatly improves the ease of use, since the attacker will not give his presence away as easily by little mistakes. Child processes are hidden automatically if the parent was hidden. The hiding of files and processes has also been improved.

3.3.1   Code injection

The rootkit is loaded into the kernel as a module using the interface provided by the operating system. The injection can be prevented by turning off module support. Adore-NG comes with tools for the infection of existing kernel modules [tr2003] and potentially the kernel itself [Jbtz2002] like a virus. Since an infected regular kernel module is recognised as legitimate, the attacker does not need to hide it.

3.3.2   Flow of execution

The virtual filesystem layer (VFS) is a layer of abstraction, residing between the system call interface and the actual implementation of different filesystems. Adore-NG redirects the flow of execution in the VFS and does not manipulate central resources like the interrupt descriptor table or the syscall table. Since on a UNIX-like system practically everything is handled as a file, Adore-NG can do anything a traditional kernel rootkit can do by controlling the VFS. Detection of the rootkit becomes more difficult, since monitoring a single critical resource is not enough.

4   Countermeasures

Countermeasures should form a closed chain from *prevention* and *detection* to *reaction*. In the following some aspects of prevention and detection will be presented which have to be the basis of any appropriate reaction. The latter is an extensive topic by itself which goes beyond the scope of this article.

4.1   Prevention

Many guidelines on best practise concerning the protection of systems connected to the internet exist. In the following two methods will briefly be described, which specifically try to prevent the injection of code into the kernel.

4.1.1   Deactivation of loadable modules

Many rootkits will simply fail to operate, if the dynamic loading of drivers via the module interface is deactivated. But, since no drivers can be loaded into the kernel at runtime anymore, administrative overhead is created at the same time. Its amount depends on the system in question. On server systems which seldomly get new hardware this might be feasible, but a workstation with multimedia hardware might become unmanageable. Some rootkits can still be loaded via /dev/kmem.

4.1.2 Protecting /dev/kmem

Since there are many ways to access the device file /dev/kmem, the only effective protection can be provided by *mandatory access controls*. These can be used to limit the access even for the user root. On Linux mandatory access controls can be added by special kernel patches and are already included in some Distributions like Trusted Debian (aka Adamantix) and SE Linux. On some systems like Trusted Solaris or some modern BSD systems, mandatory access controls are already included. Very few programs depend on write access to /dev/kmem. Depending on the hardware configuration the X-server XFree86 might be one of them. Deactivation of module support combined with mandatory access controls for /dev/kmem will effectively keep most rootkits outside the kernel.

4.1.3 Anti-rootkit modules

Several kernel modules have been developed with the only purpose of stopping a kernel rootkit from loading. To do this, system calls are manipulated in the same manner as rootkits do. In addition, integrity checkers might be included, which test if the anti-rootkit module is still working or if it has been sabotaged by a kernel rootkit. An examples of this approach is the Linux kernel module StMichael. Some rootkits have specifically been adapted to deal with StMichael, though.

4.2 Detection

Minor malfunctions often raise suspicion and the administrator might want to check for an installed rootkit. Since nothing definite is known yet, taking a crucial server offline is not an option at this point. Furthermore, there is usually a strict timelimit. These constraints limit the possibilities of the investigator severely. The main methods used to detect kernel rootkits are briefly introduced in the following.

4.2.1 Checksums and special rootkit detectors

Programs to generate and verify checksums have been introduced for user mode rootkits in section 2.2.1, but are still useful with respect to kernel rootkits even though these can redirect access to any file. Many attackers are startlingly inapt and even if the rootkit is used properly, it will never create a perfect simulation of the uncompromised system. Rootkit detectors, as mentioned in section 2.2.2, can be used to search for traces of kernel rootkits. Though, they will rely strongly on signatures for known rootkits.

4.2.2 Critical kernel structures

Saving critical kernel structures and comparing offline copies with current versions will detect many kernel rootkits. A tool for Linux to do this is KSTAT [Fusy2002]. Sample output is seen in figure 9.

```
[... before installation of the rootkit ...]

linux:/home/tools/KSTAT24/2.4.16 # ./kstat -s 0
No System Call Address Modified

[... after installation of the rootkit ...]

linux:/home/tools/KSTAT24/2.4.16 # ./kstat -s 0
sys_fork                        0xf880c7a0 WARNING! should be at 0xc01058fc
sys_write                       0xf880ca30 WARNING! should be at 0xc013193c
(...)
sys_ni_syscall                  0xf880c5b0 WARNING! should be at 0xc013ec5c
linux:/home/tools/KSTAT24/2.4.16 # ./kstat -s 1
Restoring system calls addresses...
```

Figure 9: *The syscall table has been recorded beforehand. Then* KSTAT *is used to check for changes in the syscall table once before and once after the installation of a rootkit.*

Unfortunately there are many resources, which need to be monitored. A rootkit may stay unnoticed as soon as it manipulates a different resource or no central structures at all (cf. 3.2).

4.2.3   Runtime measurements of system calls

Many rootkits employ complex algorithms to hide the presence of the attacker. Therefore, the number of instructions executed in a given system call might differ widely between the original system and a compromised system on which a rootkit has been installed. Counting the number of instructions used to execute a certain system call is a very general approach to rootkit-detection [Rutk2002]. The output of such a test done with the reference implementation by Jan Rutkowski can be seen in figure 10. At the best, measurements have been done beforehand on the original system. Though, often generic values for different kernel versions are sufficient to identify a rootkit, since the overhead created by some rootkits is large enough.

4.2.4   Forensic analysis

A forensic analysis will theoretically by able to detect anything that was written to disk and memory dumps can also be investigated. Such an analysis does not qualify as an ad hoc countermeasure since it is very time-consuming and the system has to be taken offline at least shortly. If checksums exist, the analysis might be done faster and the investigator can much more easily discover the course of events.

4.2.5   Controlling the network

The compromised system will mostly be used to do things, which generate new traffic. Passive monitoring of the network might reveal this unusual traffic. Active scans for open ports can be used to detect some backdoors. Intrusion detection systems (IDS) might be able to detect the rootkit in transit or activity generated by it. Intrusion detection systems are a huge research field by their own right and will not be discussed here in further detail.

```
linux:/home/tools/rktest # ./patchfinder -c referenz_2.4.16
* FIFO scheduling policy has been set.
* each test will take 1000 iteration
* testing... done.
* dropping realtime schedulng policy.

     test name      | current | clear | diff  | status
     -----------------------------------------------------
     open_file      |   7110| 1442|  5668| ALERT!
     stat_file      |   7050| 1255|  5795| ALERT!
     read_file      |    608|  608|     0| ok
     open_kmem      |   7124| 1510|  5614| ALERT!
     readdir_root   |   6497| 2750|  3747| ALERT!
     readdir_proc   |  14422| 2401| 12021| ALERT!
     read_proc_net_tcp | 11750| 11750|     0| ok
     lseek_kmem     |    220|  220|     0| ok
     read_kmem      |    327|  327|     0| ok
```

Figure 10: *The number of executed instructions for certain system calls has been measured beforehand (column 'clear') and is now compared to current values. The values differ widely for some system calls which raises an alert.*

4.2.6 Manual search

There is no perfect rootkit and the attackers themselves tend to make mistakes. A manual search for traces in logfiles and in the filesystem might always generate useful evidence. E.g. the rootkit SucKIT uses advanced techniques to hide itself, but is trivial to reveal as soon as /sbin/init is checked for the existence of the rootkit loader as seen in figure 11. The file /sbin/init is simply renamed using the command mv which uses the system call rename(). The system call rename() is not one of the 24 system calls manipulated by SucKIT and is hence not redirected to the hidden and renamed original file. Another helpful method of rootkit discovery is a careful search in the /proc directory, which will often expose hidden processes.

5   Applying the countermeasures

The above methods for prevention and detection of kernel rootkits are applied to the example rootkits introduced in section 3. In order to use a single test platform (Linux 2.4.16 on Intel 32 bit) the Linux version of Adore was used instead of Adore BSD, which provides the same features.

For a thorough evaluation of the prevention methods presented in section 4.1, local configuration and policies have to be taken into account. Since this is beyond the scope of this paper, table 2 lists the theoretical impact of mandatory access controls and the deactivation of module support to give a basic overview. An entry of 'ok' implies proper usage of the method, which is by no means trivial in the case of mandatory access controls.

Measure	Adore 0.34	SucKIT 1.3b	Adore-NG 1.41
Deactivate module support	ok	not enough	ok
Mandatory access control lists	ok	ok	ok

Table 2: *The ideal impact of prevention methods on the example rootkits. It is assumed that the methods are applied properly and corresponding usage policies exist and are observed*

```
linux:/sbin # ls -al init*
-rwxr-xr-x   1 root     root        392124 Jan  6  2003 init
linux:/sbin # mv init init.bak
linux:/sbin # ls -al init*
-rwxr-xr-x   1 root     root        28984 Jan  6  2003 init.bak
linux:/sbin # ./init.bak
/dev/null
Detected version: 1.3b
use:
./init.bak <uivfp> [args]
u        - uninstall
i        - make pid invisible
v        - make pid visible
f [0/1] - toggle file hiding
p [0/1] - toggle pid hiding
linux:/sbin #
```

Figure 11: *The investigator is specifically checking for the rootkit* SucKIT: *The file* /sbin/init *is listed, renamed and listed again. By renaming, the filesize has changed. Executing the binary reveals it to be the user mode frontend of the rootkit.*

Measure	Adore 0.34	SucKIT 1.3b	Adore-NG 1.41
Checksums tested with aide 0.7	ok	ok (/sbin/init)	ok
Critical structures with kstat 2.4	ok	not detected	not detected
Rootkit detector chkrootkit 0.43	ok (hidden process)	ok (/sbin/init)	ok
Runtime measurement with patchfinder	ok	module did not load	system crashed
Manual search in /proc	ok	ok	not detected

Table 4: *Applying the runtime detection methods to the example rootkits.*

checks the original syscall table even though it is not used anymore (cf.3.2). Chkrootkit detects the rootkit. Again, because the rootkit loader in /sbin/init is easy to find. The kernel module needed for the runtime measurement could not be loaded while SucKIT is active. This might raise suspicion and lead to the detection of the rootkit. A manual search for hidden processes in /proc reveals the hidden process. The rootkit Adore-NG is also found by checksums. Since no central resources are modified, KSTAT does not detect the rootkit. Chkrootkit detects the rootkit for the same reason the checksums are successful: files are hidden inside a crucial directory. The system crashes every time the module for runtime measurement is loaded while Adore-NG is active. As above, this might raise suspicion. A manual search in /proc does not reveal the hidden processes of Adore-NG.

The tool KSTAT is also able to produce a process list from the internal kernel structures and to compare this list with the output of ps. Hidden processes of all rootkits discussed above can be detected that way.

6   Summary and future directions

The development of rootkits has been presented with a focus on kernel rootkits. Example rootkits have been classified according to code injection and how the flow of execution is diverted within the kernel. The efficiency of different countermeasures has been tested discussed with reference to these examples.

The assessment of the prevention method's impact shown in table 2 looks encouraging. However, mandatory access controls are not only the most successful preventive measure, but also create a large administrative overhead and are difficult to configure correctly. Even if applied properly, a vulnerability in the kernel itself can still be used to circumvent them. An administrative error, e.g. not reactivating access controls after patching, might provide ample opportunities for the attacker. This shows that mandatory access controls are an effective, though not ultimate, protection against rootkits. In section 5 the task of rootkit detection was aided by checksums the administrator has created beforehand. In case checksums are not available Adore-NG is very hard to find. Generally, if no processes or files are hidden, the investigator has to find the rootkit itself in the kernel. For rootkits which do not rely on obvious central resources like the syscall table or the interrupt descriptor table (e.g. Adore-NG) this is very difficult.

With the notable exception of runtime analysis the methods of detection discussed in section 4 are not universal enough to cope with the new mechanisms employed by current rootkits. Any rootkit can be detected in theory, if enough effort is dedicated to the task. Yet, investigators are usually bound by constraints like the time available to spent on the search and the need to keep the system online. Hence, more general detection methods are needed which can easily be applied at runtime. One possibility is a consistency check of the kernel, based on abstract descriptions instead of comparing saved copies of some kernel structures with the current versions. The authors of Adore-NG follow such an approach: the execution flow of the kernel is examined at runtime to hide the rootkit in the VFS layer [Teso2003]. On the one hand this exemplifies that current rootkits are more advanced than the tools used to detect them. But on the other hand this also shows directions to be taken towards more generic tools for the investigator. I.e. the analysis of the execution flow could also be used to define consistency checks of the running kernel at an abstract level. While still topic for future research, such tools and methods should combine generic rootkit detection with applicability for a system administrator.

References

[Aide2004] R. Lehti; P. Virolainen, *Homepage Aide*, http://www.cs.tut.fi/~rammer/ aide.html, 2004.

[BC2002] D. Bovet; M. Cesati, *Understanding the Linux Kernel, 2nd Edition.* O'Reilly. ISBN-0596002130, 2002.

[BTA1989] "Black Tie Affair", *Hiding Out Under Unix.* Phrack Magazin, Issue 25, Vol. 3, File 6. http://www.phrack.org/phrack/25/P25-06, 1989.

[Bach1986] M. Bach, *The Design of the UNIX Operating System.* Prentice-Hall. ISBN-0132017997, 1986.

[CERT2000] CERT Coordination Center, *CERT/CC Incident Note IN-2000-10: Widespread Exploitation of rpc.statd and wu-ftpd Vulnerabilities,* http://www.cert.org/incident_notes/IN-2000-10.html, 2000.

[Chk2004] , N. Murilo; K. Steding-Jessen *Homepage Chkrootkit,* http://www.chkrootkit.org, 2004.

[Ditt2002] D. Dittrich, *"Root Kits" and hiding files/directories/processes after a break-in.* http://staff.washington.edu/dittrich/misc/faqs/rootkits.faq, 2002.

[Fusy2002] "Fusys", *Homepage kstat,* http://www.s0ftpj.org/en/tools.html, 2002.

[Half1997] "Halflife", *Abuse of the Linux Kernel for Fun and Profit.* Phrack Magazin, Issue 50, Vol. 7, File 5. http://www.phrack.org/phrack/50/P50-05, 1997.

[Hogl1999] G. Hoglund, *A real NT Rootkit, patching the NT Kenerl.* Phrack Magazin, Issue 55, Vol. 9, File 5. http://www.phrack.org/phrack/55/P55-06, 1999.

[Jbtz2002] "jbtzhm", *Static Kernel Patching.* Phrack Magazin, Issue 60, Vol. 11, File 8. http://www.phrack.org/phrack/60/p60-0x08, 2002.

[PlT1999] "Plasmoid"; "THC", *Solaris Loadable Kernel Modules: "Attacking Solaris with loadable kernel modules".* http://packetstormsecurity.nl/groups/thc/slkm-1.0.html, 1999.

[PrT1999] "Pragmatic"; "THC", *Attacking FreeBSD with Kernel Modules,* http://www.thehackerschoice.com/papers/bsdkern.html, 1999.

[Rkh2004] , M. Boelen; S. Dudzinski *Homepage Rootkit Hunter,* http://www.rootkit.nl/projects/rootkit_hunter.html, 2004.

[Rutk2002] J. K. Rutkowski, *Execution Path Analysis: finding kernel based rootkits.* Phrack Magazin, Issue 59, Vol. 11, File 10. http://www.phrack.org/phrack/59/p59-0x0b.txt, 2002.

[SD2001] "SD"; "Devik", *Linux on-the-fly kernel patching without LKM.* Phrack Magazin, Issue 58, Vol. 10, File 7. http://www.phrack.org/phrack/58/p58-0x07, 2001.

[Skou2003] E. Skoudis, *Malware. Fighting malicious Code.* Prentice-Hall. ISBN-0131014056, 2003.

[Teso2003] "team teso", *Codeflow Analyse.* Vortrag auf dem 19. Chaos Communications Congress, Berlin. http://www.team-teso.net/articles/19c3-speech/, 2003.

[tr2003] "truff", *Infecting loadable kernel modules.* Phrack Magazin, Issue 61, Vol. 11, File 10. http://www.phrack.org/phrack/61/p61-0x0a_Infecting_Loadable_Kernel_Modules.txt,2003.

Online-Erkennung von IDS-Ereigniskombinationen

mittels XSLT

Frank Außerlechner
Fachhochschule Koblenz
FB Elektrotechnik und Informationstechnik
Konrad-Zuse-Straße 1
56075 Koblenz
frank.ausserlechner@eui.fh-koblenz.de

Marko Jahnke, Michael Bussmann, Sven Henkel
Forschungsgesellschaft für Angewandte Naturwissenschaften e.v. (FGAN)
Institut für Kommunikation, Informationsverarbeitung und Ergonomie (FKIE)
Neuenahrer Straße 20
53347 Wachtberg
{jahnke,bus,henkel}@fgan.de

1 Einführung

Die Erkennung von miteinander korrelierten Ereignismeldungen gehört im Bereich der Intrusion-Detection seit mehreren Jahren zu den Forschungsgebieten, denen eine erhöhte Aufmerksamkeit geschenkt wird. Ereignismeldungen (oder *Events*) sind Meldungen über potentiell sicherheitsrelevante Ereignisse in Computersystemen oder -netzwerken und werden von Sicherheitswerkzeugen (Intrusion-Detection-Systeme, Firewalls/Paketfilter, Virenscanner, Integritätsprüfprogramme etc.) erzeugt.

Die Disziplin der *Event Correlation* bzw. *Fusion* hat sich zum Ziel gesetzt, bestimmte Ereigniskombinationen (d. h. Mengen miteinander korrelierter Ereignismeldungen), die in ihrer Gesamtheit beispielsweise mit dem typischen Vorgehen eines Angreifers übereinstimmen (*Attack Sequence*) zu erkennen und geeignete Gegenmaßnahmen einzuleiten. Der Mehrwert solcher Verfahren ist zunächst in der gesteigerten Erkennungsleistung zu sehen, da mitunter völlig harmlos erscheinende Einzelmeldungen unter bestimmten Voraussetzungen ein Zeichen für eine schwerwiegende Bedrohung gegen Rechnersysteme oder -netze sein können.

Die meisten bekannten Verfahren zur Erkennung solcher Meldungskombinationen arbeiten unter Verwendung von Datenbanken der erfassten Meldungen und fallen daher in die Kategorie *Offline-Verfahren*. Diese Verfahren können zu jedem Zeitpunkt zeitlich zurückliegende Kombinationen im Meldungsbestand aufdecken. Zur Generierung der entsprechenden Korrelationsregeln, die diese Zusammenhänge beschreiben, werden oftmals statistische Auswertungen dieser Datenbanken, aber auch Modelle des betrachteten Zielnetzwerkes, seiner Komponenten und seiner Verwundbarkeiten herangezogen.

Dieser Beitrag beschäftigt sich im Kontrast dazu mit einem *Online-Erkennungsverfahren*, das direkt auf dem Strom der erfassten Ereignismeldungen arbeitet und zuvor spezifizierte Ereigniskombinationen (wieder-) erkennen kann. Zwar sind durch Begrenzung des Speicherbedarfs nur begrenzt zeitlich zurückliegende Meldungen miteinziehbar; jedoch besteht die Möglichkeit, diese Verfahren an beliebigen Stellen des Meldungsstroms verteilt einzusetzen.

Bei der Verarbeitung von heterogenen Mengen von Ereignismeldungen geht man sinnvoller Weise von der Verwendung eines (Quasi-)Standards für das Datenmodell und das Austauschformat von Ereignismeldungen aus. Es handelt sich hier um das Intrusion Detection Message Exchange Format (IDMEF) der IETF Intrusion Detection Working Group (IDWG), die in Form einer XML-DTD (eXtensible Markup Language Document Type Definition) spezifiziert sind [1]. Für die Verarbeitung von XML-formatierten Ereignismeldungen bieten sich daher Verfahren wie XSLT (eXtensible Stylesheet Language Transformations [2]) an, die beispielsweise bei der Umsetzung von XML-Quellen in verschiedene Dokumentenformate (HTML, PDF etc.) Verwendung finden.

2 Bedingte Musterübereinstimmungsprüfung und -transformation mittels XSLT

Mittels XSLT lässt sich eine bedingte Musterübereinstimmungsprüfung und -transformation (Conditional Pattern Matching and Transformation, CPMT) für Ereignismeldungen sehr flexibel realisieren. Grundlage für jeden CPMT-Transformationsvorgang ist die Spezifikation einer *Transformations-Regel*, die sich aus *Matching-Templates* und *Transformations-Templates* zusammensetzt. Matching-Templates spezifizieren die Mengen von Ereignis-meldungen, die einer Transformation unterworfen werden sollen, und Transformations-Templates beschreiben deren Resultat (eine formale Beschreibung der Technik findet sich in [4] und [5]).

Die einfachste Anwendung des Verfahrens ist eine konstante 1:1-Transformation von Ereignismeldungen, die (nicht-kontextsensitiv) ineinander überführt werden. Die Anwendungen dafür sind offensichtlich begrenzt. Als erste und einfachste Anwendung von CPMT stellte sich die Informationsbereinigung bei Ereignismeldungen dar.

2.1 Beispielproblem Informationsbereinigung

In verschiedenen Konstellationen ist es angebracht, Informationen über erkannte Angriffe auf Rechner und Rechnernetze zwischen verschiedenen Domänen auszutauschen (Beispiel: Koalitionsumgebungen). Dieser Austausch von Ereignismeldungen kann u. U. zu einer gesteigerten Möglichkeit führen, synchronisierte und großflächig verteilte Angriffe zu erkennen. Bevor Ereignismeldungen allerdings eine Domäne verlassen, müssen Sie entsprechend der lokalen Richtlinie zur Informationsweitergabe (*Information Sharing Policy, IShP*) bereinigt (d. h. anonymisiert bzw. pseudonymisiert) werden, damit keine sensiblen Informationen weitergeleitet werden. Dies kann beispielsweise durch entsprechende Gateways an den Domänengrenzen bewerkstelligt werden (vgl. [3]).

Unglücklicherweise kann ein sinnvoller Informationsbereinigungsprozess nicht ausschließlich auf einer statischen Textsubstitution basieren. Wenn beispielsweise IP-Adressen als Bestandteil von Meldungen durch feste Werte ersetzt werden sollen, gehen alle Informationen über die Topologie des Netzwerks verloren. Offensichtlich behindert dies den Erkennungsprozess, insbesondere, wenn Verkehrsbezogene Anomalien entdeckt werden sollen. Daher benötigt man eine flexible Methode, um Transformationsregeln zu spezifizieren. Weiterhin kann es erforderlich sein, dass eine Normalisierung von Ereignismeldungen realisiert werden muss (z. B. wenn dasselbe Ereignis mit unterschiedlichen Signaturbezeichnungen oder Referenzen auf Angriffsdatenbanken gemeldet wird).

Dieses Problem kann durch die Verwendung von XSLT gelöst werden. Grundlage ist ein erweiterter XSL-Prozessor, der zusätzlich Reguläre Ausdrücke (POSIX.1-REs) sowie boolesche und arithmetische Ausdrücke verarbeiten kann. In dem folgenden Beispiel wird ein kombiniertes Matching- und Transformations-Template als Teil einer modifizierten IDMEF-Nachrichtensyntax spezifiziert:

```
(1)   <IDMEF-Message xmlns:xsl=...>
(2)     <Alert>...
(3)       <address>
(4)         192\.22\.([0-9]{1,3})$X$\.([0-9]{1,3})$Y$
(5)         <condition>
(6)           ($Y<255)
(7)         </condition>
(8)         <transform>
(9)           <xsl:copy>
(10)            191.72
(11)            .<xsl:value-of select="$X"/>
(12)            .<xsl:value-of select="$Y"/>
(13)          </xsl:copy>
(14)        </transform>
(15)      </address>...
(16)    </Alert>
(17)  </IDMEF-Message>
```

Die ersten beiden Bytes einer IP-Adresse `192.22.x.y` sind fest vorgegeben, während die letzten beiden Bytes durch reguläre Ausdrücke dargestellt werden (Zeile (4)). Gleichzeitig werden sie durch Klammerung qualifiziert (sog. *Submatchings*) und der bei einer Übereinstimmungsprüfung auf sie zutreffende Text Variablen $X und $Y zugewiesen, die man in anderen Bereichen der Spezifikation referenzieren kann. In diesem Falle werden die Inhalte der Submatchings in die resultierende Meldung an der angegebenen Stelle wieder eingesetzt (Zeilen (10)-(12)), so dass sich eine Ersetzung des IP-Präfixes `192.22.` nach `191.72.` ergibt. Zusätzlich kann man arithmetisch-boolsche Bedingungen für die Durchführung der Transformation formulieren. Zeilen (5)-(7) legen beispielsweise fest, dass das letzte Byte $X der IP-Adresse der eintreffenden Meldung nicht der traditionellen Broadcastsuffix 255 entsprechen darf .

Durch diese beiden Erweiterungen ergeben sich vielfältige Möglichkeiten zur kontextsensitiven 1:1-Transformation von Ereignismeldungen, so etwa bei der Anonymisierung/Pseudonymisierung (z. B. Verschleierung von Netztopologien, Herstellern/ Produkten), aber auch bei der Normalisierung.

2.2   Beispielproblem Redundanzfilterung

Eine konsequente Erweiterung dieser Technik stellt die Redundanzfilterung dar, die eine *n*:1-Filterung zur Aufaggregation mehrerer, zeitlich eng beieinander liegender, gleichförmiger Meldungen durchführt und durch das Transformationsresultat geeignet repräsentiert. Die wichtigste Erweiterung des XSL-Prozessors ist hier die Unterscheidung zwischen Transformationsregeln für *absolute Matchings* und für *relative Matchings*. Erstere beschreiben die Bedingungen für Ereignismeldungen, bei denen der Aggregationsvorgang beginnt, während letztere die Bedingungen für die darauf folgenden, aufzuaggregierenden Meldungen (i. d. R. als ähnlich zu betrachtende Ereignisse) definieren. Weitere Details hierzu finden sich in [4] und [5].

3 Der Kombinationsdetektor

Die Erkennung von vordefinierten Mengen miteinander korrelierter Ereignismeldungen kann ebenfalls als Transformationsprozess formuliert werden: Findet sich in einer Menge von n Ereignismeldungen eine zuvor spezifizierte Kombination, so wird eine zusätzliche, entsprechend hoch priorisierte Meldung erzeugt; d. h. es handelt sich um eine $n{:}(n{+}1)$-Transformation. Die folgenden Abschnitte erläutern zunächst das Verfahren und das Implementierungsprinzip. Danach wird ein konkretes Beispiel diskutiert und im Anschluss werden Optimierungsmöglichkeiten aufgezeigt.

3.1 Übersicht

Als Grundlage für die Kombinationserkennung dienen in XSL definierte Transformationsspezifikationen (*Sheets*), die die gesuchten Kombinationen spezifizieren. Entsprechend der Anzahl der Bedingungen, die für die Erfüllung einer Kombination erforderlich sind, beinhalten diese jeweils weitere ineinander geschachtelte Templates, die unter Zuhilfenahme der eintreffenden Ereignismeldungen generiert und unter Berücksichtigung frei definierbarer Übergangsbedingungen aktiviert werden. Wird auf diese Weise eine vollständige Kombination erkannt, so wird im Weiteren keine neue Transformationsvorschrift bzw. Regel, sondern eine Ergebnismeldung oder Warnung generiert. Die Anzahl der aktiven Regeln wird neben entsprechenden Grenzwerten im Wesentlichen durch die Gültigkeitsdauer der einzelnen Regeln gesteuert.

3.2 Implementierung

Bereits während der Entwurfsphase wurde besonders darauf geachtet, dass die Leistungsfähigkeit des Kombinationsdetektors trotz Verwendung der ressourcenaufwendigen XSLT-Technologie so hoch wie möglich ist. Einerseits wird dies dadurch erreicht, dass zu einem Zeitpunkt nur die jeweils anstehenden Matchings durchgeführt werden, die zur Vervollständigung einer Kombinationsregel notwendig sind. Dies wird durch die *dynamische Just-in-Time-Regelgenerierung* bewirkt, bei der erst zum Zeitpunkt eines erfolgreichen Matchings die Bedingungen für das jeweils nächste anstehende Matching in den entsprechenden Datenstrukturen abgelegt werden. Wie schon bei der beschriebenen Redundanzfilterung werden nicht alle auf die einzelnen Regelkriterien zutreffenden Meldungen bis zur vollständigen Erfüllung einer Kombinationsregel gespeichert, sondern nur die Daten der Meldungen im Speicher vorgehalten, die zur etwaigen Generierung einer späteren Warnmeldung erforderlich sind. Die eigentlichen Elementarmeldungen werden unmittelbar weitergeleitet.

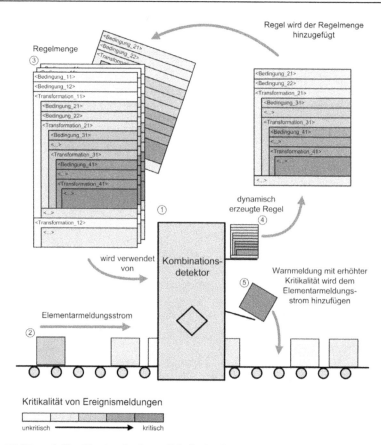

Abbildung 1: Kombinationsdetektor - Prinzip der dynamischen Regelgenerierung

Abbildung 1 verdeutlicht den Zusammenhang: Der zum Kombinationsdetektor (1) geführte Elementarmeldungsstrom (2) enthält Meldungen mit unterschiedlicher - meist geringer - Kritikalität, die im Bild durch die helle, gelbe bis orange Einfärbung gekennzeichnet sind. Eintreffende Meldungen werden grundsätzlich immer unverändert durch den Kombinationsdetektor geleitet, so dass keinerlei Informationen verloren gehen. Unter Verwendung der Regelmenge (3) werden die Eingangsmeldungen vom Detektor analysiert und bei erfolgreichem Matching werden auf Basis der aktuell verwendeten Regel und den überprüften Meldungen neue Regeln generiert (4). Anschließend werden die neu spezifizierten Regeln der Regelmenge hinzugefügt, wodurch alle zukünftig eintreffenden Meldungen zusätzlich gegen diese überprüft werden. Die dynamische Generierung von Regeln wird so lange fortgeführt, bis eine Regel zutrifft, die keine weitere neue Regel, sondern eine finale Warnmeldung erzeugt. Dies bedeutet, dass eine vollständige Kombination erkannt wurde, deren Auftreten den nachfolgenden Systemen gemeldet werden muss. Die Warnmeldung (5) wird daher mit einer erhöhten Kritikalitäts-Einstufung versehen (im Bild dunkelrot gekennzeichnet) und dem Meldungsstrom hinzugefügt.

3.3 Einsatzbeispiel

Anhand eines konkreten Einsatzbeispiels soll nachfolgend veranschaulicht werden, wie ein Korrelations-Sheet aufgebaut ist und wie die dynamische Regelgenerierung im Einzelnen vonstatten geht. Kern des Verfahrens ist die Erkennung gleichförmiger Mengen von Meldungen mittels der so genannten *relativen Matchings*, die bei der Implementierung der Redundanzfilterung eingeführt wurden. Im Verarbeitungsprozess sind diese relativen Matchings immer dem absoluten Matching nachgeschaltet und können aufgrund frei definierbarer Attribute die Ereignismeldungen in beliebige Untergruppen aufteilen bzw. kategorisieren.

Es sei in diesem Beispiel folgendes Verhalten des Angreifers zu erkennen:

1. Der Angreifer verwendet ein Tool zur Ermittlung des Administrator-Passwortes auf dem Opferrechner (Wörterbuchangriff – Überprüfen häufig verwendeter Kennungs-/ Passwortkombinationen).

2. Der Angreifer meldet sich mit dem ermittelten Passwort an und importiert sein nötiges „Werkzeug" auf den Opferrechner.

3. Der Angreifer startet ein Skript zum schnellen Versenden von Spam-Nachrichten (unerwünschte E-Mails) mittels SMTP vom Opferrechner aus.

Die von System zu erkennende Folge von Einzelmeldungs-Signaturen sieht wie folgt aus:

1. Mehr als 5 mal wird in kurzer Abfolge (10 Sekunden) ein nicht erfolgreicher Verbindungsaufbauversuch zum SSH-Einwahldaemon des Opferrechners registriert.

2. Unmittelbar nach Erfassen der 1. Ereignismeldung meldet der SSH-Einwahldaemon einen erfolgreichen Einwahlversuch.

3. Vom Opferrechner (der nicht zum Versand von SMTP-Nachrichten außerhalb des lokalen Netzerwerkes legitimiert ist) gehen nach Ablauf einer gewissen Zeitspanne in schneller Abfolge SMTP-Verbindungen aus.

Die dazugehörige Transformationsspezifikation sieht wie folgt aus:

```
(01)   <?xml version="1.0"?>
(02)   <IDMEF-Message xmlns:xsl="http://www.w3.org/1999/XSL/Transform"

(03)     <correlation initialMatcher="true".../>

(04)     <Alert>
(05)        <Target>...
(06)           <address>(.*)$TARGET$</address>
(07)        </Target>
(08)        <Source>...
(09)           <address>(.*)$SOURCE$</address>...
(10)        </Source>...
(11)        <Classification>...
(12)           <name>SSH user login failed</name>
(13)        </Classification>
(14)     </Alert>

(15)     <relMatch deltaT="10000" threshold="5">
(16)        <IDMEF-Message>
(17)           <Alert>
(18)              <Target>...
(19)                 <address><xsl:value-of select="$TARGET"/></address>
(20)              </Target>
(21)              <Source>...
```

```
(22)              <address><xsl:value-of select="$SOURCE"/></address>
(23)            </Source>
(24)          </Alert>
(25)        </IDMEF-Message>
(26)    </relMatch>

(27)    <transform  finalMatcher="false">
(28)      <IDMEF-Message>

(29)        <correlation initialMatcher="false" deltaTCorr="60000"/>

(30)        <Alert>
(31)          <Target>...
(32)            <address><xsl:value-of select="$TARGET"/></address>
(33)          </Target>
(34)          <Source>...
(35)            <address><xsl:value-of select="$SOURCE"/></address>
(36)          </Source>
(37)          <Classification>...
(38)            <name>SSH user login$</name>
(39)          </Classification>
(40)        </Alert>

(41)        <relMatch threshold="1"...>
(42)          <IDMEF-Message/>
(43)        </relMatch>

(44)        <transform finalMatcher="false">
(45)          <IDMEF-Message>

(46)            <correlation initialMatcher="false" ... deltaTCorr="300000"/>

(47)            <Alert>
(48)              <Source>...
(49)                <address><xsl:value-of select="$TARGET"/></address>
(50)              </Source>
(51)              <Classification>...
(52)                <name>SMTP access from unauthorized node</name>
(53)              </Classification>
(54)            </Alert>

(55)            <relMatch threshold="5" deltaT="5000">
(56)              <IDMEF-Message>
(57)                <Alert>
(58)                  <Target>...
(59)                    <address><xsl:value-of select="$TARGET"/></address>
(60)                  </Target>
(61)                </Alert>
(62)              </IDMEF-Message>
(63)            </relMatch>

(64)            <transform finalMatcher="true">
(65)              <IDMEF-Message>
(66)                <Alert>
(67)                  <Target>...
(68)                    <address><xsl:value-of select="$TARGET"/></address>
(69)                  </Target>
(70)                  <Source>...
(71)                    <address><xsl:value-of select="$SOURCE"/></address>
(72)                  </Source>
(73)                  <Classification>
(74)                    <name>CORRELATION ### Spammer-Combination detected!</name>
(75)                  </Classification>
```

```
(76)                    <Assessment>
(77)                      <Impact severity="high"/>
(78)                    </Assessment>
(79)                    <AdditionalData meaning="priority"
                          type="integer">6</AdditionalData>
(80)                    <AdditionalData meaning="details" type="string">A spammer at
                          <xsl:value-of select="$SOURCE"/> is abusing <xsl:value-of
                          select="$TARGET"/> after a successful dictionary/brute
                          force attack.</AdditionalData>
(81)                  </Alert>
(82)                </IDMEF-Message>
(83)              </transform>

(84)              <errorTransform>...</errorTransform>
(85)            </IDMEF-Message>
(86)          </transform>
(87)          <errorTransform>...</errorTransform>
(88)        </IDMEF-Message>
(89)      </transform>
(90)      <errorTransform>...</errorTransform>
(91) </IDMEF-Message>
```

Dieses XSL-Sheet bildet die Korrelation wie gefordert ab und beinhaltet gleichzeitig die zu generierende Ergebnismeldung. Nachfolgend werden die einzelnen Abschnitte des Sheets erläutert:

- Zeilen (01) und (02) sind Kopfzeilen des XSL-Sheets mit der Definition des Namespaces xsl.
- Zeile (03) bildet den Anfang der **ersten** Korrelations-Stufe. Der Parameter initial Matcher="true" sorgt dafür, dass diese Stufe persistent bleibt, d. h. die Lebensdauer dieser Stufe ist nicht begrenzt.
- Zeilen (4)-(14) beinhalten das initiale (absolute) Matching-Template. Hier werden die beiden freien Variablen $TARGET$ und $SOURCE$ gespeichert. Bedingung für das absolute Matching ist hier die Beschreibung "SSH user login failed".
- In das relative Matching-Template (Zeilen (15)-(26)) werden die Werte für $SOURCE$ und $TARGET$ übertragen, wodurch genau eine Quell- und eine Zielangabe als eine Gruppe spezifiziert werden. Das heißt, dass somit für jedes Quelle-Ziel-Paar ein relativer Matcher angelegt wird. Der Parameter deltaT="10000", zusammen mit dem Parameter threshold="5", beschreiben quantitativ die Häufigkeit der Meldungen, die für die Generierung der nächsten Korrelationsstufe erforderlich ist. Wird im Zeitraum deltaT der Threshold-Wert nicht erreicht, so wird der relative Matcher für das entsprechende Angreifer-Opfer-Paar verworfen. Somit ist die erste Einzelmeldungs-Signatur vollständig beschrieben.
- Die Zeilen (27)-(89) beschreiben die Transformationsvorschrift der ersten Matching-Stufe, deren Ergebnis die zweite Stufe (Zeilen (44)-(86)) und die darin enthaltene Transformationsvorschrift der dritten Stufe (64)-(83) ist. Die Rekursion endet bei der dritten Stufe, da der Parameter finalMatcher="true" in Zeile (64) gesetzt ist. Damit wird festgelegt, dass das entstehende Transformations-Template der letztlich auszugebenden Meldung entspricht.
- Zeile (29) zeigt den Beginn der **zweite** Korrelations-Stufe an. Die Parameter initial Matcher="false" sowie deltaTCorr="60000" sorgen dafür, dass diese Stufe nach 60 Sekunden gelöscht wird. Auf diese Weise lässt sich das Kriterium des unmittelbaren zeitlichen Folgens des zweiten auf den ersten Punkt der Signaturbeschreibung umsetzen.

- Im Alert (30)-(40) wird eine Meldung mit speziellem Quelle-Ziel-Paar (ermittelt in der ersten Stufe) gesucht, dessen Beschreibung den Wert `"SSH user login"` enthält.
- Der relative Matcher (41)-(43) beinhaltet keine weitere Spezifizierung, da einzig eine Meldung Auslöser für die Generierung der dritten Korrelations-Stufe notwendig ist. Somit ist die zweite Einzelmeldungs-Signatur vollständig beschrieben.
- Zeile (46) beschreibt den Beginn der **dritten** Korrelations-Stufe. Die Parameter `initial Matcher="false"` sowie `deltaTCorr="300000"` sorgen dafür, dass diese Stufe nach 5 Minuten gelöscht wird. Auf diese Weise wird die Bedingung „nach Ablauf einer gewissen Zeitspanne" im dritten Punkt der Signaturbeschreibung realisiert.
- Im nachfolgenden Alert (47)-(54) wird eine Meldung vom ermittelten Opfer-Rechner gesucht, dessen Beschreibung den Wert `"SMTP access from unauthorized node"` enthält.
- Der relative Matcher (55)-(63) ermittelt durch die beiden Parameter `threshold="5"` und `deltaT="5000"` die Häufigkeit der SMTP Meldungen, wodurch die dritte Einzelmeldungs-Signatur vollständig beschrieben ist.
- Die Zeilen (65)-(82) beschreiben die **zu emittierende Warnmeldung**. In dieser Meldung werden neben den Adressen des Angreifers und des Opfers, der Priorität und dem Schweregrad des Ereignisses, detaillierte Informationen über den erfolgten Angriff angegeben (Zeile (80)).
- Die Zeilen (84), (87) und (90) beschreiben jeweils eine Transformationsvorschrift, die im Fehlerfall der entsprechenden Korrelations-Stufe emittiert werden kann.

4 Optimierung

Über die bereits beschriebenen Maßnahmen zur Vermeidung von Speicherverbrauch hinaus (dynamisch erzeugte Transformationsregeln, sofortiges Weiterleiten von analysierten Einzelmeldungen etc.) wurden weitere Optimierungsansätze verfolgt.

So wird beispielsweise die Analyse einer möglichen Korrelation zeitlich begrenzt. Dies ist sicherlich eine sehr einschränkende Maßnahme, da somit eine Korrelation, die sich über einen sehr großen Zeitraum erstreckt, nicht detektiert werden kann. Die zeitliche Begrenzung betrifft allerdings nur die dynamisch erzeugten Regeln, die initialen Regeln sind von dieser Maßnahme ausgeschlossen und somit immer aktiv. Eine zeitliche Begrenzung alleine reicht jedoch nicht aus um zu vermeiden, dass zu viele Regeln gleichzeitig aktiv sind. Um dieses Problem einzuschränken, wurden daher Grenzwerte vorgegeben, bei deren Überschreitung Fehlermeldungen in den Meldungsstrom emittiert werden können. Diese Fehlermeldungen werden im XML-Sheet der entsprechenden Regel angegeben und sind somit vollkommen frei definierbar.

Da die Meldungs-Verarbeitung im hier beschriebenen Verfahren, im Wesentlichen auf der Anwendung eines XSL-Prozessors basiert, ist es natürlich von besonderer Bedeutung, nur wirklich notwendige Transformationen bzw. Matching-Prüfungen durchzuführen. Um auch dieser Forderung nachzukommen, wurde die Möglichkeit geschaffen, mehrere Korrelationen in einem Korrelations-Sheet zusammenzufassen. Korrelationen kann man weitestgehend als eine Folge von Bedingungen bezeichnen, die als *Korrelations-Zweig* (Correlation Branch) bezeichnet wird. Ein Korrelations-Zweig besteht somit aus aneinander gereihten Bedingungen oder auch *Korrelations-Stufen*. Die Zusammenfassung von Korrelations-Zweigen gestaltet sich derart, dass Korrelationen, deren Anfangsbedingungen identisch sind,   zu einem

Korrelations-Baum (Correlation Tree) vereinigt werden. Somit ist neben der gesteigerten Leistungsfähigkeit auch die Konfiguration der Regeln wesentlich flexibler.

Die Zusammenfassung der Korrelationen zu den oben genannten Korrelations-Bäumen verhindert jedoch nicht, das u. U. trotzdem identische Regeln in verschiedenen Korrelations-Sheets unnötiger Weise überprüft werden. Um identische Regeln zu erkennen, werden daher Hash-Werte (Checksummen) für alle Regeln - auch für dynamisch erzeugte - berechnet. Fällt beispielsweise die Übereinstimmungsprüfung einer neu eintreffende Meldung gegen eine Regel negativ aus, so wird deren Hash-Wert für die Dauer der Analyse dieser einen Meldung gespeichert und alle Regeln, die ebenfalls den gleichen Hash-Wert besitzen, automatisch nicht auf diese Meldung hin überprüft. Somit muss eine Regelmenge nicht manuell auf doppelte Übereinstimmungsprüfungen hin untersucht und werden, weil der Detektor identische Regeln erkennt und die entsprechenden Überprüfungen unterdrückt.

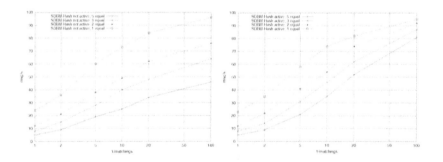

Abbildung 2: Anzahl der verarbeiteten Meldungen bei mehreren identischen Transformationsregeln ohne (links) und mit (rechts) verwendetem Hash-Test.

Abbildung 2 skizziert den Gewinn an Verarbeitungsgeschwindigkeit (gemessen in der Anzahl transformierter Meldungen pro Sekunde). Auf der Abszisse ist der Anteil des Eingabe-Meldungsaufkommens angetragen, bei dem eine Übereinstimmungsprüfung gegen die Matching-Templates des verwendeten Regelwerks positiv ausfällt („1/matchings"). Die einzelnen Kurven entsprechen dem Durchsatz der Transformationsstufe bei keiner bzw. 2-5 identischen Regeln im betrachteten Regelwerk. Der Leistungsgewinn bei steigender Anzahl identischer Regeln ist offensichtlich (z. B. 82 statt 46 transformierte Meldungen pro Sekunde bei einem Anteil von 1/100 mit den Matching-Templates übereinstimmender Meldungen und 5 identischen Regeln).

5 Vergleich mit anderen Arbeiten

Die Untersuchung von Ereignismeldungs-Korrelationen gehört zu den in der Literatur seit Jahren sehr ausgiebig untersuchten Fragestellungen. So führt beispielsweise das in [6] beschriebene Clustering von Meldungen eine Zuordnung mehrerer Meldungen zu einer einzigen durch, die als Ursache der gemeldeten Ereignisse betrachtet werden kann (*Root Cause*). In [7] werden Ereigniskombinationen zusätzlich mit externen Bedingungen bezüglich der Konfiguration der betrachteten Netze verknüpft.

Die dort und in vielen weiteren Veröffentlichungen beschriebenen Methoden arbeiten vorwiegend auf entsprechenden Datenbanken und fallen daher in die Kategorie „Offline-Verfahren". Sie sind wegen ihrer Fähigkeit,   auch zeitlich weit zurückliegende Ereignismeldungen in den Erkennungsprozess mit einzubeziehen, mächtiger als das hier beschriebene Online-Verfahren.

Mit der Online-Variante ist es dagegen möglich, entsprechende Erkennungskomponenten an beliebigen Orten der Sicherheits-Infrastruktur im Meldungsstrom zu platzieren, da kein Datenbankzugriff benötigt wird. Dadurch ist eine echte Realzeit-Detektion – zumindest von zuvor spezifizierten – Kombinationen möglich, die die übrigen Erkennungsverfahren in idealer Weise ergänzt.

6 Zusammenfassung und Ausblick

Das in diesem Beitrag beschriebene Verfahren zur Online-Erkennung von Mengen miteinander korrelierter Ereignismeldungen ermöglicht eine Realzeit-Detektion zuvor spezifizierter Kombinationen, die etwa für das Vorgehen von Angreifern typisch sind (Angriffssequenzen). Die Kombinationen werden durch miteinander verschachtelte Mengen von Transformationsregeln spezifiziert. Auf Basis von erweiterten XSL-Prozessoren wird der in XML-Format vorliegende Meldungsstrom entsprechend des Regelwerks analysiert. Beim Zutreffen einzelner Regeln werden ggf. weitere Stufen des Analyseprozesses angestoßen, an deren Ende die Erzeugung einer entsprechend hoch priorisierten Warnmeldung steht, die die Erkennung der Kombination signalisiert. Einzelne Meldungen, werden nach ihrer Analyse unverändert im Meldungsstrom belassen, sodass keine Verzögerungen entstehen.

Das beschriebene Verfahren wurde bezüglich seiner Leistungsfähigkeit untersucht und bewertet. Verschiedene Optimierungstechniken konnten unter bestimmten Bedingungen ein Anwachsen des Durchsatzes (Anzahl der transformierbaren Ereignismeldungen pro Zeiteinheit) erzielen.

Voraussetzung für die Einsatzfähigkeit dieses sehr flexiblen Verfahrens ist die Existenz einer entsprechenden Datenbank von Kombinationsregeln. Es wäre denkbar, diese – wie etwa die Signaturdatenbank von Snort [8] – auf Basis von Public-Domain-Software zu erweitern und zu pflegen, sodass der Nutzen der Kombinationserkennung einer breiten Öffentlichkeit zugänglich gemacht werden kann.

Derzeit wird im Rahmen der beschriebenen Forschungsarbeiten ein Demonstrationssystem fertig gestellt, dass den Meldungsfluss verschiedener unabhängiger Domänen zusammenführt und analysiert. Auf dieser Basis soll die Praxistauglichkeit und Robustheit des vorgestellten Verfahrens nachgewiesen werden.

7 Literaturverzeichnis

[1] Curry, D. und H. Debar: Intrusion Detection Message Exchange Format - Data Model and Extensible Markup Language (XML) Document Type Definition. IETF Internet Draft draft-ietf-idwg-idmef-xml-10.txt, IETF IDWG, Januar 2003.

[2] W3C. W3C Recommendation 16: XSL Transformations (XSLT) Version 1.0. http://www.w3.org, 1999.

[3] Lies, M., M. Jahnke, J. Tölle, S. Henkel und M. Bussmann: Ein Intrusion-Warning-System für dynamischen Koalitionsumgebungen. In: 11. DFN-CERT/PCA-Workshop „Sicherheit in vernetzten Systemen", Hamburg, Februar 2004.

[4] Jahnke, M., J. Tölle, S. Henkel und M. Bussmann: Components for Cooperative Intrusion Detection in Dynamic Coalition Environments. In: Proceedings of the RTO/IST Symposium on Adaptive Defence in Unclassified Networks, Toulouse, Frankreich, April 2004.

[5] Jahnke, M., J. Tölle, M. Lies, S. Henkel und M. Bussmann: Komponenten für kooperative Intrusion-Detection in dynamischen Koalitionsumgebungen. In: Proceedings of the GI/ACM/IEEE Conference on Detection of Intrusions and Malware & Vulnerability Assessment (DIMVA'04), Dortmund, Juli 2004.

[6] Julisch, K.: Mining Alarm Clusters to Improve Alarm Handling Efficiency. In Proceedings of the NATO/RTO IST Workshop on Inforensics and Incident Response, Den Haag, Niederlande, Oktober 2002.

[7] Cuppens, F. und A. Miege: Alert Correlation in a Cooperative Intrusion Detection Framework. In: Proceedings of the IEEE Symposium on Research in Security and Privacy, Oakland, CA, Mai 2002.

[8] Roesch, M.: Snort – Lightweight Intrusion Detection System for Networks. In: USENIX '99 Conference Proceedings, 1999.

Zentrale Verwaltung von Zertifikaten

Peter Sylvester
EdelWeb
15 quai Dion Bouton
F-92816 Puteaux
Peter.Sylvester@edelweb.fr

1 Einleitung

In diesem Artikel werden Arbeiten der Firma EdelWeb beschrieben, die als interne Studien oder als begleitend aber unabhängig von Kundenaufträgen durchgeführt wurden. Das Kernproblem ist die Nutzung on digitalen Schlüsseln (und Zertifikaten) mit einer großen Anzahl von Benutzern in sehr heterogenen IT-Umgebungen. (mehr als eine Million). Wir beschreiben das Problemfeld, eine Lösungsansatz und die konkrete Realisierung einer prototypischen Lösung.

Zur Sicherheit weisen wir darauf hin, dass wir durch Verwendung der Bezeichnung Zertifikat" der üblichen Sprachverirrung folgen, die auch den privaten Schlüssel einbezieht. Der Titel des Artikel ist entsprechend zu verstehen.

2 Problemstellung und Lösungsansatz

Als ein Beispiel für das Problemumfeld sei das französische Erziehungsministerium genannt: Auf Grund der frühen Verbreitung des MINITELs bestehen seit langer Zeit (20 Jahre) Server-Dienste, sei es auch nur für einfache Auskunftsdienste oder Urlaubs- und Promotionsverwaltung für die 1.2 Millionen Mitarbeiter. Für derartige Anwendungen werden mehr und mehr Internet-basierend Lösungen eingesetzt. Als Grundlage der Sicherheitsmaßnahmen sollen X.509-Zertifikate eingesetzt werden, und zwar dies für alle einschlägig bekannten Anwendungstypen (Web-Authentifizierung, E-Mail, Dokumentsignaturen, ...)..

Die Problematik der sicheren Nutzung von privaten Schlüsseln stellt sich unterschiedlich dar und je nachdem wieweit man entsprechende Techniken als Nabel der Welt und deren als alleinseligmachendes Mittel für alle Sicherheitsprobleme im IT-Bereich betrachtet, fallen Bewertungen unterschiedlich aus. Eine solche Diskussion führen wir hier nicht.

Wir beschreiben ein Projekt, das Schlüssel mit Hilfe einer zentralen Server-Komponente verwaltet und dadurch eine weitgehend "unsichtbare" PKI-Infrastruktur (für Clienten) erreicht werden.

2.1 Nutzung von Client-Zertifikaten

Der Nutzung von digitalen Zertifikaten für Client/Server-Anwendung stehen wichtige operationelle und ökonomische Schwierigkeiten entgegen, insbesondere auf der Clienten-Seite.

Asymmetrische Verschlüsselungstechniken zusammen mit Schlüsselzertifikaten werden benutzt, um für Client/Server-Anwendungen Authentifizierung, Zugangskontrolle und Vertraulichkeit zu implementieren. Das Standardbeispiel sind via Web-Server angebotene Dienste, die mit SSLv3 oder TLS und "Client"-Zertifikaten arbeiten. Für Web-Server-Software stehen hinreichend gute Mittel bereit, diese Technik auf der Server-Seite gut und richtig zu implementieren. Leider trifft dies für die Clienten-Seite nicht zu. Für die Nutzung von Dokument-Signaturen sieht die Situation noch schlimmer aus, da die Benutzerschnittstellen sehr unterschiedlich sind bzw. nicht vorhanden sind. Wir haben hier sowohl eine Henne und Ei-Problem, als auch den Wunsch, dass solche Techniken eigentlich ziemlich unsichtbar, d.h. gut integriert (z.B. innerhalb von Workflow-Anwendungen) genutzt werden sollen.

Es ist deshalb nicht verwunderlich, dass auch die Nutzung von hardware-basierten Verfahren zu wenig verbreitet sind. In großen Organisationen mit heterogenem Materialpark sind allein die Einführungsproblem (einschließlich Schulung) sehr schwierig. Lösungen, die nur auf Software basiert sind, stoßen auf der Probleme im Bereich von Mobilität und auf rechtliche Schwierigkeiten, insbesondere für elektronische Signaturen.

Wir betrachten folgende technische sicherheitsrelevante Teilaspekte auf Client-Seite:

- Wechselseitige Authentifizierung des Schlüsselinhabers und des kryptongraphischen Gerätes zur Sicherstellung, dass nur der Eigentümer seine Schlüssel nutzen kann und das geheime Daten nur dem richtigen Gerät zur Behandlung übergegeben werden.
- Integration einer Benutzerschnittstelle zur Verwaltung in den Kontext der Anwendung
- Möglichkeiten für zusätzliche Sicherheitsmaßnahmen wie z.B. Key-Escrow , Journalisierung von Signaturen, Zeitstempel Archivierung von Dokumenten, oder Sicherungselemente in Workflows.

In einen zentralisierten Ansatz sind die wesentlichen zu lösenden Teilprobleme die (lokale) Identifikation und Authentifizierung der Schlüsselbesitzer, die kontrollierte und sichere Nutzung der Schlüssel und die gesicherte, insbesondere vertrauliche Kommunikation zwischen den beiden beteiligten Komponenten mit wechselseitiger Authentifizierung. Der dritte Aspekt wird auf Grund des zentralen Ansatzes einfach bis trivial.

Wir gehen hier nicht speziell auf die nicht vollständig zu vermeidende Problematik der Vertrauenswürdigkeit der Umgebung, d.h. des Betriebssystems und der lokalen Anwendung und auf bekannte (recht teuere) Lösungen wie (zertifizierte) Kartenleser mit eigener Anzeige und entkoppelter Tastatur.

2.2   Lösungsansatz mit zentralen Verwaltung und Nutzung

Die oben beschriebenen Teilaspekte können wie folgt behandelt werden:

Zur lokalen Identifizierung und Authentifizierung des Schlüsselinhabers stehen z.B. folgende Techniken zur Verfügung:

- Biometrische Verfahren: Diese technischen werden mehr und mehr eingesetzt, es bestehen aber nach wie vor einige Probleme durch Vortäuschung
- Kontroll-Schleifen mit mindestens zwei unterschiedlichen Kommunikationskanälen, z.B. Empfang eines Einmal-Codes mit SMS wie im System MagicAxess.
- Persönliche Codes (PIN, Passphrase, ..)
- Allgemeine Authentifizierungsmethoden wie die zukünftigen elektronische Personalausweise oder die existierende französische Carte Sesam VITALE.

Zur Sicherung des Kommunikationskanals zwischen der lokalen und der zentralen Komponente sind Techniken nötig, die nicht auf Zertifikaten basieren. Es existieren eine reihe von Verfahren, die mit Hilfe von Kennworten und Verifizieren in mehr oder weniger unterschiedlicher Weise ermöglichen einen vertraulichen Kommunikationskanal mit beidseitiger Authentifizierung aufzubauen (d.h. im wesentlichen einen geheimen symmetrischen Schlüssel zu vereinbaren.) Solche Protokolle sind unter dem Akronym AKE (Augmented Key Exchange) bekannt, zwei bekannt Exemplare sind SPEKE und SRP. In diesem Bereich gibt es einige Verwirrung bzgl. Patentfragen, inwieweit man Informationen über angebliche oder echte Probleme als reine Verunsicherungstaktik oder als Werbung betrachtet, bliebt jedem selbst überlassen. Da offensichtlich mehrere Firmen den zu verteilenden Kuchen als recht groß einschätzen, haben sich diese in der IEEE-Arbeitgruppe P1363 zu einer gemeinsamen Standardisierungsaktivität entschlossen.

Dieses entledigt den Nutzer nicht irgendwelcher Patentproblem, deshalb gibt es gelegentlich alternative technische Vorschläge wie z.b. PDM (password derived moduli) von R.Perlman und C.Kaufman oder M.Abdalla, O. Chevassut und D.Pointcheval.(One-time verifier based encrypted Keyexchange). Der letzte entstand aus einem konkreten Bedarf nach frei nutzbarer Technik im Bereich Grid-Programming, mit besonderer Berücksichtung von Benutzungsproblemen (von Zertifikaten).

Als lokale Schnittstellen sind am verbreitet PKCS#11 und Microsoft CAPI/CSP und OpenSSL-Engine nutzbar.

Das Speichern und Nutzen von "zentralen" Schlüsseln ist ein typisches Spielfeld für Hardware basierte Lösungen (HSM) mit einem dedizierten Front-End-Server zur Verwaltung und Nutzung; das ganze kombiniert mit guter physischer Sicherheit des Materials und logischer für notwendiges Interventionen eines Systemverwalters.

3 Das Projekt EdelKey

Wir können nun beschreiben, wie wir eine konkrete prototypische Lösung angegangen sind. Zunächst ein paar Vorbemerkungen des Umfelds:: In Frankreich ist es üblich, dass Studenten von Ingenieursschulen und Universitäten am Ende des Studiums ein 4-6-monatiges Praktikum in einem Unternehmen (Verwaltung oder andere Organisationen eingeschlossen) durchführen. Dieses wird als sogenanntes "projet de fin d'études" organisiert, das Ergebnis wird beurteilt und bildet einen wichtigen Bestandteil des Studiums.

Innerhalb dieses Rahmens haben wird regelmäßig Studien in einigen Bereichen unseres Firmenspektrums durchführen können. EdelWeb ist kein kommerzieller Hersteller von Software.. Wenn wir Software entwickeln, dann zielen wir darauf ab, diese irgendwann als OpenSource zu veröffentlichen., insbesondere dann, wenn die Entwicklung begleitend zu Standarisierungsaktivitäten ist; deren Ergebnisse so eventuell aus dem Schattendasein eines Gedankenexperimentes befreit werden.

Die beschriebenen Arbeiten sind Ergebnisse von drei Studienarbeiten, die von Mai 2003 bis September 2004 durchgeführt wurden mit Studenten der Universität Bordeaux, ENST Paris und ENSIMAG Grenoble.

Unsere Spielregeln sind wie folgt: Die Arbeiten bestehen aus theoretischer Betrachtung eines Problems, einer praktischen prototypischen Implementierung und eines detaillierten Ergebnisberichtes. (Letzterer ist für die Schule obligatorisch). Die Studenten werden aktiv betreut, die Arbeiten und die eingesetzten Hilfsmittel sind kein Neuland für den Betreuer. Abgesehen von allgemeinen kryptographischen Kenntnissen besitzen die Studenten in der Regel keinerlei Vorkenntnisse der zu benutzenden Techniken ; diese werden während der ersten Wochen vermittelt. Anderseits sind gute allgemeine praktische Programmiererfahrung und Verständnis von Betriebssystemen Voraussetzung für ein Praktikum. Auf Grund langer Erfahrung wird das Projekt in etwa monatliche Abschnitte aufgeteilt, und das Arbeitsthema nach einem Monat festgeschrieben. Die Arbeiten innerhalb jedes Abschnitts nutzen

Techniken wie aggressive Programmierung und "rapide" Prototypen, um früh funktionierende Teilergebnisse zu haben.
Wir beschreiben im folgenden die Arbeiten, und besonders detailliert letzte, da diese prototypisch vollständig ist. Für März bis September 2005 sind weitere Studienarbeiten vorgesehen.

3.1   PKCS11-Werkzeug und SRP

Ausgangspunkt der ersten Arbeit (Mai–September 2003) war eine Untersuchung einer Hardware-Lösung mit USB-Keys und PKCS#11, ein persönliches Interesse für SRP und ähnlichen Protokollen.
Die Aufgabenstellung bestand zum einen darin, die Funktionen von PKCS#11 zu untersuchen und deren Nutzung durch eine Anwendung wie Mozilla verstehbar zu machen, und zum anderen, Protokollfragen für eine Kommunikation mit einem zentralen Server und insbesondere SRP und die Möglichkeiten der bestehenden Implementierung zu untersuchen.
Während dieser Studienarbeit wurde ein Prototyp für eine PKCS#11-Bibliothek entwickelt, die als "Trace"- Modul zur Analyse de Kommunikation zwischen einer Anwendung wie z.B. Mozilla und einem einer konkreten PKCS#11-Implementierung. Die vorhandenen Test-Möglichkeiten aus dem Bereich Mozilla sind zwar umfangreich, sind aber nicht unbedingt geeignet (aus didaktischen und programmiertechnischen Gründen), PKCS#11 zu verstehen. Das Werkzeug protokolliert alle Aufrufe über eine TCP-Verbindung.
Mit Hilfe eines derartigen Tools lässt sich praktisch demonstrieren, dass man auf keinen Fall etwa genügt, die Funktionen der PKCS#11 via eines beliebigen "Remote Procedure Call" auf einen zentralen Rechner weiterzuleiten, umfangreiche Optimierungsmaßnahmen sind nötig.
Es stellt sich heraus, dass zwei Gruppen von Protokollszenarien wichtig sind und diese durch zwei Protokollaktionen zu unterstützen.
Grob gesagt, wird die erste Gruppe von Funktionsaufrufen benutzt, um den Inhalt des kryptographischen Gerätes anzuzeigen, d.h. im wesentlichen Listen verfügbaren Zertifikaten und zughörigen Rechten . Die zweite Gruppe wird genutzt, um entweder den Inhalt des Gerätes zu verändern oder Schlüssel zu benutzen.
Alle Funktionen der ersten Gruppen können erbracht werden, nachdem man in einer einzigen Protokolltransaktion alle wesentliche Daten, d.h. insbesondere nach X509 zertifizierte öffentliche Schlüssel besorgt hat(mit einigen Erweiterungen).
Die Version 3 von SRP war nicht unbedingt geeignet, in TLS als Schlüsselaustauschverfahren eingesetzt zu werden, da zusätzliche TLS-Nachrichten verwendet wurden. Es war abzusehen, dass dieser Nachteil durch die Autoren verbessert wurde. Diese geschah mit der Version 6 des Protokolls. Das folgende Schema zeigt in vereinfachter Weise wie die in SRP-6 definierten Protokollelemente innerhalb eines TLS-Verbindungsaufbaus transportiert werden.

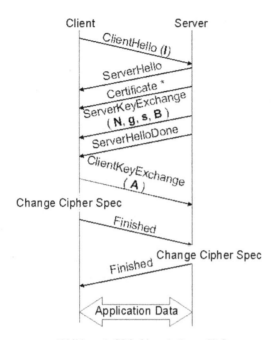

Abbildung 1: SRP-6 innerhalb von TLS

3.2   Erweiterungen von PKCS11-Werkzeugen

Die zweite Studienarbeit (Oktober 2003 – Februar 2004)beschäftigte sich mit einer benutzerfreundlichen Darstellung der PKCS-11-Api-Protolllierungsdaten, als 'backend' des oben beschriebenen Trace-Tools.

Hierzu wurde ein Werkzeug entwickelt, das als graphische Toolkit wxwidgets verwendet. Diese Arbeiten sind zwar für die Kontinuität des Projektes wichtig, tragen aber nicht viel zum eigentlichen Problemfeld bei; wir gehen deshalb nicht weiter darauf ein.

3.3   Ein vollständiger Prototyp einer zentralen Lösung.

Die dritte Arbeit (März-September 2004) bestand aus der Implementierung einer vollständigen prototypischen Lösung. Folgende Architektur-Teilaufgaben waren zu betrachten:

- Auswahl der wichtigen Funktionen von PKCS#11-Funktionen
- Definition eines gesicherten Zugriffsprotokolls
- Konzept eines einfachen Servers

Die definierte Architektur wurde gleichzeitig schrittweise implementiert.

- PKCS#11-Implementierung für die wesentlichen Funktionen, Nutzung von Schlüsseln; keine Verwaltungsfunktionen.

- korrespondierendes CGI-module mit einfacher lokaler Verwaltung
- Gesichertes Kommunikationsprotokoll zwischen PKCS11-Bibliothek und Server.

Das Kommunikationsprotokoll enthält als 'Middleware'-Komponente eine Erweiterung der OpenSSL-Software für einen SRP-6-Implementierung. Diese Komponente beschreiben wir im folgenden Kapitel..

Gemäß der Spielregeln wurde die Implementierung mit folgenden großen Etappenzielen durchgeführt:

- PKCS#11-Schnittstelle mit kurzgeschlossenem Protokoll mit Zugriff auf ein lokale PKCS#12-Datei
- Einfaches Protokoll oberhalb HTTP- und CGI-Server
- SRP-6 Middleware

Der Autor (dieses text) hat diese Implementierungsphasen mit einigen Arbeiten ergänzt, insbesondere zur Verwaltung von Benutzern und zur Qualitätssicherung der OpenSSL-Erweiterung.

3.3.1 PKCS#11-Implementierung, lokaler Teil

Die folgenden Funktionen des PKCS11-APÏ sind zu mindest in einfacher Weise zu unterstützen: GetFunctionList, Initialize ,Finalize,GetInfo,GetSlotList, GetSlotInfo, GetTokenInfo, GetMechanismList, GetMechanismInfo, OpenSession, CloseSession, CloseAllSessions, GetSessionInfo, Login, Logout , GetAttributeValue, FindObjectsInit, FindObjects, FindFinal, SignInit, Sign, DecryptInit, Decrypt

Der erste Teilabschnitt der Entwicklung bestand daraus, als Datenbasis eine Datei im Format PKCS#12 als Schlüsselbehälter zu benutzen. Zur Erzeugung wurde OpenSSL verwendet. Zur Behandlung des PKCS#12-Formates wurde ebenfalls libcrypto von OpenSSL verwendet.

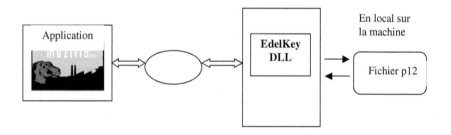

Abbildung 2: EdelKey –lokale Implementierung

In dieser Warmlaufphase wurden die Entwicklungsumgebung zusammen mit OpenSSL installiert und die notwendigen Detailkenntnisse von OpenSSL vermittelt. Die Bibliothek wurde mit den SSL und S/MIME-Funktionen von Mozilla getestet.

3.3.2 EdelKey-RPC

Als nächster Schritt konnte nun ein Kommunikationsprotokoll EdelKey entwickelt werden.

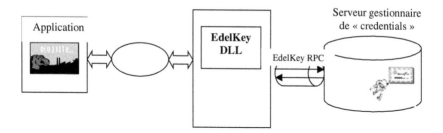

Abbildung 3: EdelKey-verteilte Architektur

Das Protokoll nutzt weitgehend leicht nutzbare Techniken für die üblichen Standardaufgaben und ist in einfacher Weise geschichtet. Die konkrete Schichtung und die Auswahl der Techniken ist in keinster Weise besonders wichtig. Es bestehen Alternativen, die denn gleichen oder ähnlichen Zweck erfüllen.

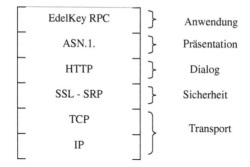

Abbildung 4: EdelKey - Protokollschichten

Das Protokoll nutzt weitgehend leicht nutzbare Techniken für die üblichen Standardaufgaben:

- Die Kommunikationschcht ist TCP/IP und darüber hinaus http als Sitzungsprotokoll. Zur Implementierung wurde die Middleware curl verwendet.
- Zur Sicherung wird TLS, d.h. HTTPS verwendet, in einer vorläufigen Implementierung wurde ein Server-Zertifikat direkt im Code verdrahtet, und die Benutzer-Authentifizierung via basic-authentication implementiert (zur Übung).
- Für die beiden Klassen von Funktionen werden GET und POST als Transaktionen (Dialog) verwendet.
- Für die Präsentationsebene wurden einfache in ASN.1 definierte Strukturen verwendet, dieses deshalb, weil die in OpenSSL vorhandenen Kodier- und Dekodierer recht einfach zu benutzen sind.

Die folgende Abbildung zeigt die verdeutlicht die Protokollstruktur

```
EdelKeyTransfer ::= SEQUENCE {
    version   INTEGER,
    data      OCTET STRING containing EdelKeyOperation,
    mac       PKCS12_MAC_DATA,
    dummy     OCTET STRING OPTIONAL}


EdelKeyKID ::= CHOICE {
    Skid      OCTET STRING}


EdelKeyParam ::= SEQUENCE {
    param_type    OBJECT IDENTIFIER,
    data          ANY DEFINED BY param_type}


EdelKeyOperation_Function_Type ::= ENUMERATED {
    encrypt       (0),
    decrypt       (1),
    sign          (2),
    verify        (3),
    signRecover   (4),
    verifyRecover (5)}


EdelKeyOperation_Mechanism_Type ::= ENUMERATED {
    CKM_RSA_PKCS         (CKM_RSA_PKCS),
    CKM_SHA_1            (CKM_SHA_1),
    CKM_MD5              (CKM_MD5),
    CKM_SHA1_RSA_PKCS    (CKM_SHA1_RSA_PKCS)}


EdelKeyOperation ::= SEQUENCE {
    key_id         EdelKeyKID,
    function_type  EdelKeyOperation_Function_Type,
    function_type  EdelKeyOperation_Mechanism_Type,
    param_type     OBJECT IDENTIFIER,
    data           ANY DEFINED BY param_type}
```

Abbildung 5: Auszug - Präsentationsprotokoll

3.3.3 EdelKey-Server

Als externe Schnittstelle auf Server-Seite wird mit PKCS#12-Dateien gearbeitet und einer einfachen Struktur, die für die "List"-Operationen angepasst ist. (Das ist das Ergebnis einer Kodier/Dekodier-Übungsaufgabe mit OpenSSL.

```
EdelKeyStore ::= SEQUENCE {
    version   INTEGER,
    keyinfo   OCTET STRING containing EdelKeyInfo,
    mac       PKCS12_MAC_DATA ,
    dummy     OCTET STRING OPTIONAL}
```

```
EdelKeyCertificate ::= CHOICE {
    X509_cert  Certificate }

EdelKeyCredentialOrTrust ::= SEQUENCE {
    name       UTF8String,
    cert       EdelKeyCertificate,
    trustinfo  X509_CERT_AUX}

EdelKeyCredentialsAndTrusts ::= SEQUENCE OF
                    EdelKeyCredentialOrTrust

EdelKeyInfo ::= SEQUENCE {
    name       UTF8String,
    date       GENERALIZEDTIME,
    stack      EdelKeyCredentialsAndTrusts}
```

Abbildung 6: Server-Datenstruktur

Der Server-Teil ist recht rudimentär und Ziel weiterer Arbeiten.

4 Erweiterungen an externer Software

Wichtiger Bestandteil der hier beschriebenen Arbeiten sind Modifikationen an Open-Source-Software Drei Komponenten wurden in erweitert: OpenSSL, mod_ssl und curl. Die Erweiterungen sind unabhängig von den restlichen Arbeiten und bilden eigenständige Produkterweiterungen.

Es waren keine größeren technischen Schwierigkeiten erwarten, eher organisatorische oder persönliche (das ist keine negative Aussage).. Es kann von der Entwicklergemeinde nicht erwartet werden, während des Projekts als Feuerwehr bereitzustehen oder gar an der Integration unmittelbar mitzuarbeiten (kostenlos versteht sich).

Die vorhandenen Kenntnisse (des Betreuers) und die Lernfähigkeit des Studenten erschienen ausreichend für die notwendigen Strukturierungsaufgaben und eine Implementierung, die zumindest einige Chancen hat, vollständig oder teilweise in die Standardprodukt übernommen zu werden.

4.1   OpenSSL

Die Arbeiten bestanden aus folgenden Teilen. In der libSSL wurden weitgehend getrennt Unterstützung für TLS-Extensions und SRP-TLS-Extension eingebaut; in libCRYPTO wurden alle Algorithmen des SRP-Protokolls implementiert; das Programm OpenSSL selbst wurde um ein Werkzeug zur Verwaltung von Verifizierern erweitert, s_client und s_server erhielten zusätzliche Parameter zur Nutzung von SRP, und die Installationsscripts wurde ergänzt..

Als Basisversion wurde OpenSSL-0.9.7d benutzt. Der Grund war, das damit eine stabile Zielversion genutzt werden konnte und auch eine stabile Version der Modifikationen. Die aktuelle Entwicklungsversion zu benutzen hätte keine wesentlichen Vorteile gebracht, sondern eher einige Unsicherheiten, da zur gleichen Zeit an einer Baustelle in derselben Gegend gearbeitet wurde.

Zur Vereinfachung der Wartung und zukünftiger Integration ist der Code weitgehend isoliert entwickelt und eine konditionierte Übersetzung möglich.
Die Implementierung ist unabhängig von der SRP-Implementierung von Stanford; sie benutzt keine zusätzliche externe Software

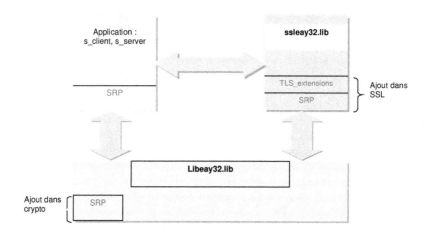

Abbildung 7: Struktur der OpenSSL-Erweiterungen

Dieser Teil der Arbeiten hat etwa Wochen gedauert, da diese als letzter Teil der Studienarbeit durchgeführt wurde und daher bereits ein gutes Verständnis vieler OpenSSL-Interna vorhanden war.
Während der Implementierungsphrase hat Tom Wu eine leicht veränderte Version der TLS-SRP-Spezifikation veröffentlicht, die notwendigen Änderungen wurde sofort implementiert. Ein paar kleinere Fehler wurden bei Interoperabilitätstests entdeckt und beseitigt.
Eine Anregung von Ton Wu, nämlich die Nutzung einer Exponentialfunktion einer RSA-Engine zu Benutzung konnte aus Zeitgründen nicht implementiert werden, ebensowenig wie eine Nutzung eines durch unix-PAM-Moduls der Stanford-Implementierung.

4.2   Mod_ssl

Die Anwendung EdelKey sollte als einfaches CGI-Programm unter Apache benutzbar sein; Es war also nötig, das Module mod_ssl so zu erweitern, dass mit Hilfe von Direktiven eine SRP-Verifizierer-Datei benutzt werden kann und dass die authentifizierte SRP-Kennung als Umgebungsvariable zur Verfügung steht.
Die Modifikation führt eine Direktive ein, mit der eine SRP-Verifizierer-Datei angegeben werden kann. Bei Vorhandensein und wenn der TLS-Client einen SRP-Algorithmus anbietet, wird dieses als Authentifizierungsmechanismus ausgewählt. Die Authentifizierung muss erfolgreich sein; die authentifizierte SRP-Identität wird in einer eigenen Umgebungsvariable bereitgestellt.
Aktueller Nachteil ist, dass die Daten nur bei Server-Start (oder Restart) aktualisiert werden. In der Entwicklungsversion 0.9.8 von OpenSSL ist eine erweiterte Schnittstelle (store) vorgesehen, die diesen Nachteil (vielleicht) beseitigt.

4.3   curl

Das EdelKey-PKCS11-Module benutzt curl als Implementierung con https. Dank einer vom Autor bereits vor einiger Zeit entwickelten Erweiterungen an curl-Software die Programmen, die libcurl benutzen, einen Callback unmittelbar vor TLS/SSL-Verbindungsaufbau ermöglicht, können die SRP-Parameter im SSL_CTX gesetzt werden. Dennoch wurde eine Modifikation für lib_curl und curl entwickelt, die es erlaubt, unmittelbar einen SRP login und password anzugeben. Diese Modifikation ist noch nicht in den aktuellen Code von curl aufgenommen, da die zugehörige openssl-Modifikation noch nicht in mindestens einer Entwicklungsversion unterstützt ist.

5 Zusammenfassung und Ausblick

Die beschriebenen Arbeiten demonstrieren die Machbarkeit von kryptographischen Lösungen, deren Ansatz etwas aus dem allgemein üblichen Denkschema herausfällt. Die Sicherheitseigenschaften und Kontrollmöglichkeiten einer zentralen Lösung sind anders als bei den üblichen dezentralen Lösungen. Die Nutzung von Protokollen mit sicheren Passworten ist nicht nur für Client/Server-Protokolle interessant, sondern auch für die Kommunikation zwischen z.b. einer Chipkarte und eines drivers zu oder für eine rein lokalen Umgebung mit durch sicheren Mikrokern getrennten Software-Komponenten.

Einige Details von PKCS#11 sind lästig, z.b. eine fehlende (standardisierte) Möglichkeit, dem kryptographischen Gerät eine Benutzerkennung zu präsentieren. Dennoch ist es möglich, ohne jegliche Parameterdatei für die PKCS#11-Bibliothek auszukommen. Als einfacher Trick ist z.b. der Name des Servers im Namen der DLL enthalten.

Die aktuelle Implementierung der PKCS#11 benutzt die vollständige OpenSSL-Middleware. Dieses kann erheblich reduziert werden, für Leute, die ASN.1 nicht mögen, es ist möglich, völlig ohne auszukommen, die Benutzung eines sicheren Passwort-Protokolls innerhalb TLS erlaubt es, ohne Zertifikate zu arbeiten. Die "Payload" des Kommunikationsprotokolls kann leicht so verändert werden, dass die via PKCS#11 zur Verfügung zu stellenden in DER/BER kodierten Informationen vollständig auf Server-Seite vorbereiten werden. Der Platzgewinn der PKCS#11 ist allerdings unerheblich, im Vergleich zur Größe einer Anwendung wie Mozilla.

In der letzten Version von PKCS#11 sind Erweiterungen der Signaturfunktionen vorgesehen, die es erlauben sollen, die Präsentation eines zu signierenden Dokuments dem kryptographischen Gerät zu überlassen. Es bleibt zunächst einmal abzuwarten, ob Hersteller von Hardware oder die Mozilla-Gemeinde diesen Vorschlag akzeptiert. Im positiven Fall bietet sich für die hier beschriebene Lösung sofort die Möglichkeit, an zentraler Stelle nicht nur eine Dokument zu signieren, sondern dieses je nach Anforderung zu archivieren, mit Zeitstempeln zu versehen, usw.

Wir haben bisher keine Performance-Untersuchung angestellt.

Es ist vorgesehen, in weiteren Studienarbeiten verschiedene Teilaspekte zu erweitern bzw. zu vertiefen, insbesondere die Implementation auf Server-Seite, bei der existierende Hardware-Lösungen einbezogen können, und eine Überarbeitung der OpenSSL TLS-Erweiterung.

Der Autor bittet abschließend, sein etwas veraltetes Deutsch zu entschuldigen.

.

6 Literaturverzeichnis

[1] M.Abdalla, O.Chevassut, D. Pointcheval. "One Time Verifier Based Encrypted Key-Exchange", Public Key Cryptography , PKC 2005, Les Diablerets, Switzerland, Jan. 2005 (Kurzfassung in http://www-cse.ucsd.edu/users/mabdalla/papers/acp05.pdf)

[2] R. Perlman, C. Kaufman, "Strong Password-Based Authentication Using Pseudorandom Moduli," IETF Internet Draft, June 2000, draft-perlman-strongpass-00.txt

[3] T. Wu, The Secure Remote Password Protocol, in Proceedings of the 1998 Internet Society Network and Distributed System Security Symposium, San Diego, CA, Mar 1998, pp. 97-111.

[4] T Wu, SRP-6: Improvements and Refinements to the Secure Remote Password Protocol, Submission to the IEEE P1363 Working Group, Oct 2002.

[5] D.Taylor, T.Wu, "Using SRP for TLS Authentication", IETF-Internet Draft: draft-ietf-tls-srp-08 August 2004

[6] RSA Laboratories PKCS 11: Cryptographic Token Interface Standard, V2.20, June 2004, ftp://ftp.rsasecurity.com/pub/pkcs/pkcs-11/v2-20/pkcs-11v2-20.pdf

[7] RSA Laboratories PKCS 12 Personal Information Exchange Syntax V1.0, June 1999, ftp://ftp.rsasecurity.com/pub/pkcs/pkcs-12/pkcs-12v1.pdf

[8] P.Sylvester, Projekt EdelKey, September 2004: http://www.edelweb.fr/EdelKey/

Informationen der

DFN-CERT Services GmbH

DFN-CERT Services GmbH
info@dfn-cert.de

In den folgenden Abschnitten sind die Kontaktadressen und die Angaben zu den verwendeten Public-Keys der DFN-CERT Services GmbH aufgeführt. Hinweise auf weitere Dokumente, Tools und Informationen sind von den Informationssystemen der DFN-CERT Services GmbH[1] abrufbar:

- AnonFtp: ftp://ftp.dfn-cert.de/pub/

- World-Wide-Web: http://www.dfn-cert.de/

1 Kontaktadressen

Direkte Anfragen an die DFN-CERT Services GmbH sind erwünscht. Sie erreichen die Mitarbeiter des DFN–CERTs und der DFN–PCA unter der Adresse:

DFN-CERT Services GmbH
Heidenkampsweg 41
D-20097 Hamburg

Am einfachsten erreichen Sie das Team jedoch per E-Mail. Dabei können kryptographische Verfahren eingesetzt werden, um die Vertraulichkeit der übermittelten Informationen zu gewährleisten. Damit wird es möglich, uns wichtige Log-Daten per E-Mail statt bisher mittels Fax oder Briefpost zuzuschicken. Informationen, die Ihnen dazu dienen, die Authentizität der von den Mitarbeitern verwendeten Public-Keys zu überprüfen, sind im folgenden Abschnitt zusammengefasst. Bitte beachten Sie bei der Kommunikation per E-Mail die folgenden Regeln, die die Arbeit erleichtern und Verzögerungen (z. B. bei Abwesenheit eines Mitarbeiters) verhindern:

---

[1] Das DFN-CERT und die DFN-PCA werden in der DFN–CERT Services GmbH zusammengefasst.

- Alle Mitteilungen, die konkrete Vorfälle oder Sicherheitslücken betreffen, sollen an die Hotline-Adresse geschickt werden:

  `dfncert@dfn-cert.de`

- Alle Fragen und Probleme bezüglich der durch die PCA für öffentliche Schlüssel aufgebauten Zertifizierungsinfrastruktur sind an die folgende Adresse zu richten:

  `dfnpca@dfn-cert.de`

- Alle anderen Anfragen oder Kommentare, die das Kompetenzzentrum oder seine Aufgaben und Informationsangebote betreffen, richten Sie bitte an:

  `info@dfn-cert.de`

- Für eine Subskription auf die Mailing-Liste des DFN-Arbeitskreises „Security" *win-sec* senden Sie eine Nachricht per Electronic Mail an:

  `win-sec-request@lists.dfn-cert.de`

- Fragen der Zertifizierung und des Einsatzes kryptographischer Programme werden innerhalb der Mailing-Liste *win-pca* diskutiert. Für eine Subskription wurde die folgende Adresse eingerichtet:

  `win-pca-request@lists.dfn-pca.de`

- Warnungen und Informationen des DFN-CERTs werden über die Liste *win-sec-ssc* digital signiert verschickt. Durch die Sendung einer Nachricht per Electronic Mail erfolgt die Subskription:

  `win-sec-ssc-request@dfn-cert.de`

Auch per Telefax und Telefon können die Projektmitarbeiter erreicht werden. Allerdings bitten wir, die Anrufe nach Möglichkeit auf ein Mindestmaß zu reduzieren. Ausserhalb der normalen Bürozeiten ist ein Anrufbeantworter angeschlossen, auf dem Mitteilungen hinterlassen werden können.

Telefon: (+49) 040 / 80 80 77 – 555
Telefax: (+49) 040 / 80 80 77 – 556

2   Public-Keys

Die DFN-CERT Services GmbH unterstützt hauptsächlich das Public Key-Krypto-Verfahren PGP (Pretty Good Privacy). Es ist geeignet, die Kommunikation zwischen CERTs und Anwendern wirksam zu schützen.

Für die Kommunikationspartner kommt es bei beiden Verfahren darauf an, den Public Key des Partners zu erhalten. Mit Hilfe des Public Keys lassen sich verschlüsselte Nachrichten an den Kommunikationspartner senden, sowie dessen elektronische Signatur überprüfen. Für die Verteilung der Public Keys haben sich inzwischen verschiedene Möglichkeiten herausgestellt, die – mehr oder weniger – praktisch und sicher sind. Die von DFN-CERT und DFN-PCA unterstützten Verfahren werden im folgenden aufgeführt.

Nachdem ein Public Key über einen der im folgenden vorgestellten Wege abgerufen wurde, muss die Authentizität überprüft werden, d. h. es muss überprüft werden, ob die erhaltenen Schlüssel wirklich zum DFN-CERT/DFN-PCA gehören. Am einfachsten kann dies durch einen Vergleich mit den im folgenden wiedergegebenen „Fingerprints" der Schlüssel geschehen. Bitte beachten Sie bei der Überprüfung, dass sich diese Angaben auch ändern können, z. B. wenn ein Mitarbeiter einen neuen Schlüssel generiert. Sollten Probleme mit den abgerufenen Schlüsseln oder mit Nachrichten der DFN-CERT Services GmbH oder seiner Mitarbeiter auftreten, wird dringend eine direkte Kontaktaufnahme mit einem der Mitarbeiter empfohlen, um die Ursache des Problems herauszufinden.

2.1   PGP – Pretty Good Privacy

Informationen über die für PGP notwendigen Programme und die Verwendung sind im *DFN-CERT Informationsbulletin DIB-94:05* zusammengefasst worden.

Die PGP-Public-Keys sämtlicher Mitarbeiter sowie der DFN-CERT Teamkey sind über die folgenden Methoden abrufbar:

- `ftp://ftp.dfn-cert.de/pub/dfncert/public-keys/pgp-keys.asc`
  Sie finden den PGP Public Key Block auf dem AnonFtp-Server der Firma im Verzeichnis `/pub/dfncert/public-keys/` als Datei `pgp-keys.asc`.

- `http://www.dfn-cert.de/team/pgp.html`
  Die PGP Public Keys sind ebenfalls durch World-Wide-Web mittels der angegebenen URL zugreifbar.

- PGP Public Key-Server:
  Der PGP Key-Server der DFN-PCA bietet eine WWW-Schnittstelle zum bequemen Abfragen und Addieren von Schlüsseln der weltweiten Datenbank an:

  `http://www.dfn-pca.de/pgpkserv/`.

3 Die Zertifizierungs-Schlüssel

Die DFN-PCA wird durch die DFN-CERT Services GmbH betrieben. Allgemeine Informationen erhalten Sie unter:

> http://www.dfn-pca.de/

Detaillierte Informationen zu allen aktuellen Zertifikaten und Widerrufslisten (CRLs) der DFN-PCA erhalten Sie unter:

> http://www.dfn-pca.de/certification/cacert.html

DFN-PCA: PGP-Schlüsselinformationen

Low-Level Policy

PCA (Wurzelzertifikat):

Benutzer-ID:

DFN-PCA, CERTIFICATION ONLY KEY (Low-Level: 2004-2005) \
<http://www.dfn-pca.de/>

Schlüssel-ID: FDCB1C33
Schlüssellänge: 2048 Bit RSA
Erstellungsdatum: 2003/10/26
Fingerprint: 96 B0 AD 7F B8 DC 00 18 DC A0 70 53 1C 3B 4D A5
Policy-URL: http://www.dfn-pca.de/certification/policies/
pgppolicy.html

User-CA:

Benutzer-ID:

DFN-User-CA, CERTIFICATION ONLY KEY (Low-Level: 2004-2005) \
<http://www.dfn-pca.de/>

Schlüssel-ID: BB62BBA7
Schlüssellänge: 2048 Bit RSA
Erstellungsdatum: 2003/10/26
Fingerprint: 4F 89 24 B6 71 D4 7B 92 D3 9E AA EB D3 A1 28 ED
Policy-URL: http://www.dfn-pca.de/certification/policies/
pgppolicy.html

DFN-PCA (Kommunikationsschlüssel):

Benutzer-ID:

DFN-PCA (2005), ENCRYPTION Key <dfnpca@dfn-pca.de>
DFN-PCA (2005), ENCRYPTION Key <dfnpca@dfn-cert.de>

Schlüssel-ID: 13813809
Schlüssellänge: 2048 Bit RSA
Erstellungsdatum: 2004-11-26
Fingerprint: 53 C2 37 D6 15 5B CF 88 F3 7D 3F F5 E2 E4 E5 1D

DFN-PCA: SSL / S/MIME / X.509v3-Zertifikatinformationen

X.509 Policy

DFN Top Level CA Generation 1 (Wurzelzertifikat):

Zertifikat-URL: http://www.dfn-pca.de/certification/x509/g1/data/html/cacert/root-ca-cert.der
Policy-URL: http://www.dfn-pca.de/certification/policies/x509policy.html
CRL-URL: http://www.dfn-pca.de/certification/x509/g1/data/crls/root-ca-crl.crl

SHA1 Fingerprint = 8E:24:22:C6:7E:6C:86:C8:90:DD:F6:9D:F5:A1:DD:11:C4:C5:EA:81
MD5 Fingerprint = 3E:1F:9E:E6:4C:6E:F0:22:08:25:DA:91:23:08:05:03

```
Serial Number: 1429501 (0x15cffd)
Issuer: C=DE, O=Deutsches Forschungsnetz, OU=DFN-CERT GmbH,
        OU=DFN-PCA, CN=DFN Toplevel Certification Authority/Email=certify@pca.dfn.de
Validity
   Not Before: Dec  1 12:11:16 2001 GMT
   Not After : Jan 31 12:11:16 2010 GMT
Subject: C=DE, O=Deutsches Forschungsnetz, OU=DFN-CERT GmbH, OU=DFN-PCA,
         CN=DFN Toplevel Certification Authority/Email=certify@pca.dfn.de
X509v3 Subject Key Identifier:
   06:0B:FA:B5:F8:48:78:A3:20:B1:0B:3E:CF:A0:D0:C4:D1:7F:7D:D0
X509v3 Authority Key Identifier:
   keyid:06:0B:FA:B5:F8:48:78:A3:20:B1:0B:3E:CF:A0:D0:C4:D1:7F:7D:D0
   DirName:/C=DE/O=Deutsches Forschungsnetz/OU=DFN-CERT GmbH/OU=DFN-PCA \
           /CN=DFN Toplevel Certification Authority/Email=certify@pca.dfn.de
   serial:15:CF:FD
```

DFN Server CA Generation 1.2:

Zertifikat-URL: http://www.dfn-pca.de/certification/x509/g1/ca-ssl-tls-server/g2/data/html/cacert/ca-ssl-tls-server-cert.der
Policy-URL: http://www.dfn-pca.de/certification/policies/x509policy.html
CRL-URL: http://www.dfn-pca.de/certification/x509/g1/ca-ssl-tls-server/g2/data/crls/ca-ssl-tls-server-crl.crl

SHA1 Fingerprint = 2F:00:44:09:42:62:7B:CA:A6:BD:7C:F1:07:B1:63:14:F5:BB:1D:EB
MD5 Fingerprint = DE:8D:B3:7A:DA:68:E9:7C:D1:7B:FB:42:EE:F5:42:91

```
Serial Number: 65372663 (0x3e581f7)
Issuer: C=DE, O=Deutsches Forschungsnetz, OU=DFN-CERT GmbH, OU=DFN-PCA,
        CN=DFN Toplevel Certification Authority/Email=certify@pca.dfn.de
Validity
   Not Before: Dec  1 09:15:02 2003 GMT
   Not After : Dec  1 09:15:02 2007 GMT
Subject: C=DE, O=DFN-CERT Services GmbH, OU=DFN-PCA,
         CN=DFN Server Certification Authority/Email=certify@pca.dfn.de
X509v3 Subject Key Identifier:
   46:53:52:F5:93:A6:20:41:C1:66:D6:9F:15:E0:67:3E:8A:F7:8D:D2
X509v3 Authority Key Identifier:
   keyid:06:0B:FA:B5:F8:48:78:A3:20:B1:0B:3E:CF:A0:D0:C4:D1:7F:7D:D0
   DirName:/C=DE/O=Deutsches Forschungsnetz/OU=DFN-CERT GmbH/OU=DFN-PCA \
           /CN=DFN Toplevel Certification Authority/Email=certify@pca.dfn.de
   serial:15:CF:FD
```

DFN Server CA Generation 1.1:

Zertifikat-URL: http://www.dfn-pca.de/certification/x509/g1/ca-ssl-tls-server/g1/data/html/cacert/ca-ssl-tls-server-cert.der
Policy-URL: http://www.dfn-pca.de/certification/policies/x509policy.html
CRL-URL: http://www.dfn-pca.de/certification/x509/g1/ca-ssl-tls-server/g1/data/crls/ca-ssl-tls-server-crl.crl

SHA1 Fingerprint = C8:41:74:CE:DA:C2:02:87:B0:33:51:FE:67:07:CF:17:19:C1:12:F3
MD5 Fingerprint = A3:66:10:4B:AF:2C:6F:ED:D3:96:5B:33:4D:12:94:FC

```
Serial Number: 1430858 (0x15d54a)
```

```
Issuer: C=DE, O=Deutsches Forschungsnetz, OU=DFN-CERT GmbH, OU=DFN-PCA,
        CN=DFN Toplevel Certification Authority/Email=certify@pca.dfn.de
Validity
  Not Before: Dec  1 12:39:27 2001 GMT
  Not After : Dec  1 12:39:27 2005 GMT
Subject: C=DE, O=Deutsches Forschungsnetz, OU=DFN-CERT GmbH, OU=DFN-PCA,
        CN=DFN Server Certification Authority/Email=certify@pca.dfn.de
X509v3 Subject Key Identifier:
  E1:3E:0D:4F:98:9C:2E:5F:B8:A2:F4:42:83:A0:16:A9:2B:97:8B:39
X509v3 Authority Key Identifier:
  keyid:06:0B:FA:B5:F8:48:78:A3:20:B1:0B:3E:CF:A0:D0:C4:D1:7F:7D:D0
  DirName:/C=DE/O=Deutsches Forschungsnetz/OU=DFN-CERT GmbH/OU=DFN-PCA \
          /CN=DFN Toplevel Certification Authority/Email=certify@pca.dfn.de
  serial:15:CF:FD
```